NOVO MINDSET
NOVOS RESULTADOS

DR. KERRY JOHNSON
MESTRE EM ADMINISTRAÇÃO DE NEGÓCIOS

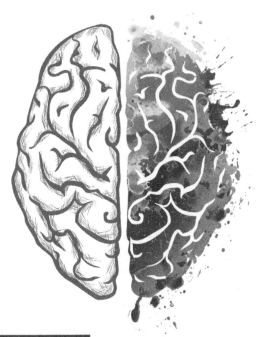

NOVO MINDSET
NOVOS RESULTADOS

Rio de Janeiro, 2020

Novo Mindset, Novos Resultados
Copyright © 2020 da Starlin Alta Editora e Consultoria Eireli. ISBN: 978-85-508-1392-9

Translated from original New Minsdet, New Results. Copyright © 2018 by Kerry Johnson. ISBN 978-1-7225-1016-9 . This translation is published and sold by permission of Gildan Press, a Division of RB Gildan LLC, the owner of all rights to publish and sell the same. PORTUGUESE language edition published by Starlin Alta Editora e Consultoria Eireli, Copyright © 2020 by Starlin Alta Editora e Consultoria Eireli.

Todos os direitos estão reservados e protegidos por Lei. Nenhuma parte deste livro, sem autorização prévia por escrito da editora, poderá ser reproduzida ou transmitida. A violação dos Direitos Autorais é crime estabelecido na Lei nº 9.610/98 e com punição de acordo com o artigo 184 do Código Penal.

A editora não se responsabiliza pelo conteúdo da obra, formulada exclusivamente pelo(s) autor(es).

Marcas Registradas: Todos os termos mencionados e reconhecidos como Marca Registrada e/ou Comercial são de responsabilidade de seus proprietários. A editora informa não estar associada a nenhum produto e/ou fornecedor apresentado no livro.

Impresso no Brasil — 1ª Edição, 2020 — Edição revisada conforme o Acordo Ortográfico da Língua Portuguesa de 2009.

Publique seu livro com a Alta Books. Para mais informações envie um e-mail para autoria@altabooks.com.br

Obra disponível para venda corporativa e/ou personalizada. Para mais informações, fale com projetos@altabooks.com.br

Produção Editorial	Produtor Editorial	Marketing Editorial	Vendas Atacado e Varejo	Ouvidoria
Editora Alta Books	Illysabelle Trajano	Livia Carvalho	Daniele Fonseca	ouvidoria@altabooks.com.br
Gerência Editorial	Juliana de Oliveira	marketing@altabooks.com.br	Viviane Paiva	
Anderson Vieira	Thiê Alves	**Editor de Aquisição**	comercial@altabooks.com.br	
	Assistente Editorial	José Rugeri		
	Maria de Lourdes Borges	j.rugeri@altabooks.com.br		

	Adriano Barros	Keyciane Botelho	Paulo Gomes	Thauan Gomes
Equipe Editorial	Ana Carla Fernandes	Larissa Lima	Raquel Porto	
	Carolinne Oliveira	Laryssa Gomes	Rodrigo Dutra	
	Ian Verçosa	Leandro Lacerda	Thales Silva	

Tradução	Copidesque	Revisão Gramatical	Diagramação
Carolina Gaio	Ana Gabriela Dutra	Thais Pol	Lucia Quaresma
		Hellen Suzuki	

Erratas e arquivos de apoio: No site da editora relatamos, com a devida correção, qualquer erro encontrado em nossos livros, bem como disponibilizamos arquivos de apoio se aplicáveis à obra em questão.

Acesse o site www.altabooks.com.br e procure pelo título do livro desejado para ter acesso às erratas, aos arquivos de apoio e/ou a outros conteúdos aplicáveis à obra.

Suporte Técnico: A obra é comercializada na forma em que está, sem direito a suporte técnico ou orientação pessoal/exclusiva ao leitor.

A editora não se responsabiliza pela manutenção, atualização e idioma dos sites referidos pelos autores nesta obra.

Dados Internacionais de Catalogação na Publicação (CIP) de acordo com ISBD

J66n   Johnson, Dr. Kerry

        Novo Mindset, novos resultados / Dr. Kerry Johnson ; traduzido por Carolina Gaio. - Rio de Janeiro : Alta Books, 2020.
        208 p. ; 14cm x 21cm.

        Inclui índice
        Tradução de: New Mindset, New Results
        ISBN: 978-85-508-1392-9

        1. Autoajuda. 2. Mente. 3. Mentalidade. 4. Autoconfiança. I. Gaio, Carolina. II. Título.

2020-76   CDD 158.1
                                                         CDU 159.947

Elaborado por Odílio Hilario Moreira Junior - CRB-8/9949

Rua Viúva Cláudio, 291 — Bairro Industrial do Jacaré
CEP: 20.970-031 — Rio de Janeiro (RJ)
Tels.: (21) 3278-8069 / 3278-8419
www.altabooks.com.br — altabooks@altabooks.com.br
www.facebook.com/altabooks — www.instagram.com/altabooks

ASSOCIADO

Para Cora Anne, Minha Primeira Neta

Espero que sempre tenha um mindset focado em resultados, por toda a sua vida.

Seus pais maravilhosos a prepararão para o grande sucesso que merece. Você foi feita com muito amor por nosso Senhor, Deus.

Seus avós a amam do tamanho do Universo.

Sumário

	Prefácio	ix
1.	Por que o Mindset É Crucial?	1
2.	O Mindset Extrovertido, de Crescimento e Fixo	21
3.	Como Criar um Mindset Focado em Resultados	43
4.	Emoldurando Seu Mindset Focado em Resultados	61
5.	Como Usar Metapadrões	95
6.	Metas e Resultados	117
7.	Usando Contratos Comportamentais	129
8.	Como o Mindset Molda o Cérebro	147
9.	Como o Conflito Cria um Mindset Melhor	155
10.	Mindset e Relacionamentos	169
11.	Conclusão	185

Por que Escrevi *Novo Mindset, Novos Resultados*

Palestro em conferências, treino os principais produtores, escrevo livros e faço vídeos desde 1981. Durante todo esse tempo, concentrei-me no desenvolvimento de habilidades para ajudar meu público e clientes a prosperarem em seus negócios. Na verdade, sempre garanto a eles que seus negócios decolarão 80% em oito semanas. Sei que posso garantir isso pois confio muito em nossas técnicas.

Mas admito que de 5% a 10% dos meus clientes não percebem o benefício que desejavam; outros 25% têm um crescimento exponencial e atingem seus objetivos; 65% têm benefícios suficientes para compensar os esforços investidos, mas poderiam ter se saído melhor. Qual é a diferença entre esses três grupos? A todos foram ensinadas as mesmas habilidades. Todos tiveram um excelente treinamento. Exceto pelos 5% a 10%, a maioria trabalha pesado, mas os resultados variam. Tinha que haver um motivo. Tinha que haver um modo de pensar, um tipo de motivação que impulsionasse qualquer cliente ao sucesso estrondoso. A resposta é o mindset focado em resultados.

Billy Beane, gerente do Oakland A's, time quatro vezes campeão da divisão, tinha um terço do orçamento do New York Yankees, campeão da World Series. Beane não tinha os recursos, mas tinha um mindset diferente. Ele disse uma vez: "Mude seu pensamento, mude o jogo." O mindset é a estrutura que conecta tudo. Ele otimiza as habilidades de vendas, gestão, disciplina e comunicação. Sem um mindset focado em resultados, todas essas habilidades se desarticulam, afinal é ele que faz com que seu conhecimento, habilidades e experiência trabalhem juntos.

Neste livro, você conhecerá muitos tipos de mindsets. Fixo versus de crescimento; introvertido versus extrovertido; e até externo versus interno. Mas não basta entender apenas seu significado. O foco deste livro é ajudá-lo a desenvolver um mindset focado em resultados, uma mentalidade que o ajudará não apenas a ser mais positivo, mas também a atingir seus objetivos.

O FORMATO INOVADOR DE *NOVO MINDSET, NOVOS RESULTADOS*

Meu amigo Brian Tracy disse uma vez: "Líderes são leitores." Na verdade, se você deseja estar entre os 1% que têm maior renda, leia um livro por mês. Se ler um livro por semana, não apenas se tornará um dos 1% mais ricos, mas também dos mais instruídos.

O problema é que a maioria das pessoas não lê livros, nem mesmo em seus smartphones. Mas leem artigos de revistas, assistem a vídeos e escutam áudios. Então, escrevi este livro de maneira acessível.

Décadas atrás, eu era tenista profissional. Ainda jogo tênis quatro vezes por semana, além de jogar golfe, mergulhar e esquiar na neve pelo mundo. Você lerá muitas histórias de minhas experiências que são relevantes para os conceitos que discuto. Este estilo de escrita o ajudará a desenvolver um mindset novo e mais eficaz. Um estudo da Universidade Estadual de San Diego mostrou que sua lembrança de uma ideia aumenta 83% se houver uma história junto dela.

POR QUE O MINDSET É TÃO IMPORTANTE

Este é o meu nono livro, e o mais importante. Entre esses muitos livros estão: *Willpower: The secrets of self-discipline, Peak Performance: How to increase your business by 80% within eight weeks e Mastering the Game*. Todos tiveram um enorme sucesso. Mas, se eu soubesse antes o quanto um mindset eficaz era importante, meu primeiro livro teria sido diferente.

Seu mindset é um ponto crítico. Afeta a forma como fala, suas perspectivas e até sua felicidade. Ele afeta o quanto você é positivo e negativo, carismático ou tímido, e até funciona como um indicativo de quanto dinheiro ganhará em sua carreira.

Sou formado como psicólogo pesquisador. Pensei em cursar medicina ou investir em uma carreira acadêmica para me tornar psiquiatra. Mas, depois do meu MBA, virei psicólogo corporativo. Estudei a pesquisa revisada por pares de todos os conceitos que você lerá neste livro. Por conta do meu histórico de pesquisa, consigo definir as partes significativas nos estudos recentes, em vez de citar palestrantes ou artigos de revistas que aludam às conclusões.

Na pós-graduação, desenvolvi testes de fatores preditores de sintomas de estresse para o serviço de apoio a veteranos, pesquisei como o cérebro diferencia as preferências alimentares para a Continental/United Airlines e até estudei técnicas avançadas de linguagem corporal para universidades. Mas o aspecto mais surpreendente que aprendi ao escrever este livro foi o quanto o mindset muda o cérebro. Passei dois anos estudando psicobiologia do cérebro. Os avanços desde minha pesquisa são gritantes.

O mindset não apenas cria vias neurais, como cria redes densas, semelhantes a florestas, que solidificam a mentalidade desenvolvida. Em outras palavras, quanto mais você trabalhar para desenvolver um bom mindset focado em resultados, mais fácil será viabilizá-lo e mantê-lo. Nossos cérebros são preparados para se preocupar e ruminar. É mais fácil e mais natural pensar de forma negativa do que positiva. E é por isso que o mindset é tão importante. Pessoas altamente bem-sucedidas têm uma maneira diferente de pensar. Elas não deixam a preocupação as sufocar, nem a negatividade as paralisar. Conseguem sustentar o mindset focado em resultados de forma constante.

Este livro ajudará você a aprender o que é um mindset eficaz. Mas não para por aí. Também vai ajudá-lo a modificar e adaptar a mentalidade que tem, desenvolvendo uma que auxiliará na realização de seus sonhos. Palestro toda semana em muitas convenções pelo mundo. Muitas vezes, surpreendo o público, dizendo que ele esquecerá 70% do que digo em 1 dia e 90% em 3. A menos que implemente uma ideia dentro de 24 horas depois de ouvi-la. Isso se aplica a você. Se testar e usar um novo conceito em 24 horas, é provável que o retenha. Portanto, meu objetivo não é apenas ajudá-lo a mudar seu mindset, mas a mantê-lo pelos próximos anos.

Após ler este livro, conte-me o que achou. Entre em contato comigo:

www.KerryJohnson.com
Kerry@KerryJohnson.com
Twitter@DrKerryJohnson
LinkedIn: Kerry Johnson, MBA, Dr.

1
Por que o Mindset É Crucial?

Em 1991, os representantes da PGA Tour telefonaram para um jovem jogador de Dardanelle, Arkansas, perguntando se aceitaria ser o nono suplente do Crooked Stick Golf Club, em Carmel, Indiana, para o campeonato da PGA. Infelizmente, não havia certeza de que ele jogaria. Um dia antes do primeiro round, ele ajustara seu cruise control para 70km/h e dirigira os 1.000km para Carmel, chegando às 2h. Mas o destino bateu à porta quando, a caminho do torneio, informaram que ele jogaria. Seu tee time estava marcado para algumas horas depois de sua chegada.

Ninguém esperava que aquele jogador alto, impetuoso e prosaico acertasse tee shots de 350 jardas e vencesse. Mas John Daly venceu o torneio 3 tacadas à frente de Bruce Lietzke. (Você deve estar pensando que raios, metafóricos, atingiram Daly. Mas raios literais atingiram o espectador Thomas Weaver e o mataram no primeiro dia.) Nem a mídia nem os profissionais jamais viram um swing como o de Daly.

Assim que aprendeu a ler, Daly ganhou um manual de golfe escrito por Jack Nicklaus. John desenvolveu seu swing inspirado no de seu herói. Nicklaus, por coincidência, disse certa vez: "A tacada de Daly não é igual a minha. É diferente de tudo que já vi."

Mas John Daly tinha o próprio mindset. Ele tinha uma crença em si mesmo e uma maneira única de pensar. Essa singularidade criaria um campeão. John Daly disse: "Só penso em duas coisas quando faço o swing. Na empunhadura do taco e no impacto na bola." A postura de Daly era sempre fazer um swing intenso. Se ganhava, era de lavada. Se perdia, também. O único outro grande torneio de golfe que ganhou foi o British Open em 1995, quando derrotou Costantino Rocca em um playoff. Mas o que o auxiliou a ganhar foi o mindset vencedor — um padrão de pensamento que o ajudou a obter os resultados. Ajudou a vencer 22 torneios profissionais. O mindset é um alinhamento mental: um estado de espírito. Ele filtra sua forma de ver o mundo. Diz respeito a como você entende tudo o que o afeta. Também lhe permite avaliar pessoas, conceitos, objetos e eventos de forma coerente. Seu mindset é uma compilação de seus pensamentos e crenças, que criam os hábitos. Os hábitos, por sua vez, afetam seu jeito de pensar, sentir e agir.

Você também pode entender o mindset como uma atitude. Os psicólogos dizem que a atitude é uma tendência aprendida de ver as coisas de certa maneira. É a maneira recorrente de como nos sentimos em relação a pessoas e coisas.

O mindset tem três componentes:

1. Um componente emocional: o modo como uma pessoa, objeto ou evento faz você se sentir.
2. Um componente cognitivo: seus pensamentos, crenças e expectativas.
3. Um componente comportamental: o modo como seu mindset afeta seu comportamento.

O mindset tem três fundamentos.

1. Você cria crenças.
2. Suas crenças moldam sua atitude.
3. Sua atitude e crenças criam seu mindset.

É como se o mindset fosse uma cadeira. Suas pernas são ideias, crenças, expectativas e atitudes. Se retirar uma perna, o apoio da cadeira ficará instável. Da mesma forma, uma expectativa negativa enfraquece o suporte dado pelo mindset.

Um dos amigos de minha filha Catherine, Greg, abandonou a Universidade do Colorado para se alistar nos Fuzileiros Navais. Moro no sul da Califórnia e conseguia ver Greg de vez em quando durante sua licença do treinamento básico. Quando o conheci, em Boulder, Colorado, ele bebia muito, não tinha objetivos e fazia parte de uma gangue de festas da faculdade. Sua transformação foi notável.

Todos os fuzileiros navais dizem que seus instrutores de treinamento básico começam destruindo todas as suas crenças, conceitos e ideias preconcebidos. Eles o repreendem desde o primeiro dia, desafiam sua família, educação, relacionamentos e até seus objetivos — tudo na intenção de formar um bom fuzileiro. Por que os instrutores são tão depreciativos e insultam seus recrutas? Eles objetivam destituir os mindsets desses jovens para, em seguida, criar outro, condizente com os objetivos dos fuzileiros, de concluir uma missão e alcançar o sucesso em qualquer situação. Os fuzileiros navais têm o mindset de receber ordens legais e alcançar seus objetivos dentro das regras e diretrizes estabelecidas pelo Corpo de Fuzileiros Navais, o qual não cria indivíduos — cria equipes que trabalham juntas e completam missões.

QUAL É O SEU MINDSET?

Quais são suas crenças? Quais são suas expectativas? Faça este pequeno teste para determinar seu mindset. Destacarei algumas definições, cada uma acompanhada de uma pergunta que demonstrará o seu mindset.

1. **Um mindset é uma atitude mental que determina sua reação às pessoas em qualquer situação.**

    Você entra em uma reunião com apreensão ou expectativa positiva? Quando conhece pessoas, pensa em oportunidades ou tem medo que elas o julguem?

2. **Seu mindset influencia suas tendências, inclinações e hábitos.**

    Você acorda e logo começa a malhar ou fica remoendo e se preocupando? Vislumbra seu dia pensando no que realizará ou se concentra nos obstáculos que o aguardam?

3. **Seu mindset é sua atitude e estado mental.**

    Seu dia é permeado por atitudes positivas ou você se pergunta quais situações negativas podem lhe acometer?

4. **Seus pensamentos e opiniões são guiados por seu mindset.**

    Seu pensamento está direcionado para a construção de algo e seu crescimento como pessoa, ou para as coisas que possui e modos de se proteger? Suas opiniões são abertas ou polarizadas, como nossa política de hoje?

5. **O mindset também tem a ver com seu astral.**

   Você tem alto astral e motivação ou culpa os outros e o contexto por seus resultados?

6. **Seu mindset indica como você aborda uma situação — principalmente quando é estressante.**

   Se uma situação lhe causou estresse, você a evita ou procura maneiras de obter resultados diferentes?

Como foi sua pontuação nesse teste de mindset? Ele foi feito para mostrar que seu mindset determina quem você é, como pensa e o que faz. Todos os seus bons hábitos, como sorrir quando conhece alguém, concluir tarefas a tempo e cuidar de sua família, resultam de seu mindset. Todos os seus maus hábitos, como procrastinação, negligenciar os exercícios e comer demais, também.

Tenho um amigo que diz que raramente se atrasa. Ele afirma que, se você não chegar cedo, está atrasado. Não há pontualidade. Perguntei onde ele aprendeu isso. Ele disse: "É assim que eu penso." Esse é o mindset que rege sua atitude, pensamentos e comportamento.

O QUE VOCÊ GANHARÁ COM ESTE LIVRO

Neste livro, discutiremos muitas áreas que podem melhorar drasticamente sua vida. Seu mindset afeta tudo o que pensa, diz e vivencia. Explicaremos por que ele é tão importante e lhe daremos uma noção de como é seu mindset atual. Falaremos sobre seu surgimento e como isso influencia, afeta e até molda seu entendimento de tudo o que vivencia. Também falaremos sobre as diferenças entre o mindset *introvertido* e o *extrovertido*. As pessoas de mindset introvertido pensam apenas em si, enquanto as de extrovertido consideram o impacto de seu comportamento nos outros.

A maioria das pesquisas sobre o tema partiu de Carol Dweck, professora de Stanford, que criou as categorias de *mindset fixo* e *mindset de crescimento*. As pessoas de mindset fixo acham que seus talentos e habilidades são limitados. As de mindset de crescimento pensam que o sucesso depende de seus esforços. Elas não encaram os contratempos como limitantes, mas como aprendizado que as ensinarão a superar obstáculos similares que surgirem.

Você também aprenderá que seu QI não está comprometido. Ele é apenas a medida momentânea de sua capacidade de aprender. É extremamente importante saber que seu QI de agora não limita quem você pode ser. É só uma indicação momentânea.

A partir dessas pesquisas, eu o ajudarei a desenvolver um novo mindset, focado em resultados. Um que não será usado para se limitar, mas para criar uma nova maneira de pensar — um mindset baseado na crença de que você pode criar o que quiser. Eu o ajudarei a criar um novo mindset focado em resultados e a reformular a maneira como percebe o mundo e pensa. Por meio da *reformulação do conteúdo* e do *contexto*, eu o ajudarei a transformar suas emoções, comportamentos e memórias e, assim, viabilizar o mindset que deseja ter.

Você vê o mundo a partir das suas referências pessoais. Um peixe não sabe dizer a temperatura da água de onde ele mora, pois não tem com o que comparar. Também não é fácil mudar seu mindset sem mudar as crenças que invalidam a aquisição daquele que deseja. Mas isso será fácil se aplicar minhas sugestões para criar mudanças. Algumas das crenças autolimitantes que possui são aprendidas. Você aprendeu até a falhar. As causas incluem desamparo aprendido, um alto nível de sensibilidade às críticas e, com a idade, resistência ao aprendizado.

Você também receberá ótimas dicas sobre como desenvolver um novo mindset focado em resultados. Aprenderá a fortalecer seu mindset por meio de técnicas como o *círculo de recursos*, mudando a maneira de pensar por meio de *metapadrões* e usando *seções e resultados* na criação e no alcance de suas metas.

Você já negligenciou suas mudanças de vida? Já criou resoluções de ano-novo que duraram poucas semanas? Bem, eu também sou assim. Preciso de estratégias específicas para me impedir de procrastinar e, às vezes, de desanimar. Por isso, eu o ajudarei a desenvolver um *contrato comportamental* para construir seu novo mindset focado em resultados. Vamos até criar recompensas que pode dar a si mesmo por permanecer fiel ao seu acordo diário. Seu mindset também afeta seu cérebro. Isso se aplica não apenas à maneira como pensa, mas às suas estruturas cerebrais. Na verdade, quanto mais se preocupa, mais muda fisicamente seu cérebro, tornando-o mais negativo. As vias desse órgão se tornam vias de preocupação, fazendo com que você pense ainda mais. Para combater *isso, aplicaremos algumas técnicas, inclusive interrupção de padrões*, substituindo pensamentos negativos por positivos e lembrando-se sempre de verificar se seus pensamentos viabilizam o mindset que deseja.

Também falaremos sobre o mindset dos grandes líderes. Discutiremos como pensam, não apenas eles próprios, mas as pessoas que formaram. Concentraremo-nos em algumas habilidades específicas que você deve desenvolver, incluindo a negociação.

Por fim, falaremos sobre como desenvolver um mindset melhor nos outros. Você pode ajudar seus filhos a criar um ótimo mindset. Mas não será elogiando o quanto eles são bons; em vez disso, você incentivará seus esforços. Isso os ajudará a desenvolver um amor pela conquista por meio do esforço, em vez de esperar o sucesso decorrente de quem eles são.

Também veremos como desenvolver esse novo mindset em outras pessoas por meio de *aproximações sucessivas* e *modificação comportamental*. Como veremos, o SeaWorld usa essas técnicas para que baleias assassinas, lontras e focas realizem feitos incríveis.

Por fim, falaremos sobre como seu talento e capacidade pouco afetam seu sucesso. Com seu novo mindset focado em resultados, você será capaz de superar obstáculos com mais eficiência e considerar os contratempos como experiências de aprendizado. Também falaremos sobre o mindset de arrogância e narcisismo. Muitos países adotaram um mindset coletivo de superioridade. Por causa desse pensamento equivocado, todos eles entraram em colapso.

DESENVOLVENDO UM MINDSET DE AUTOCONFIANÇA

De acordo com o Dr. Ivan Joseph, preparador físico e treinador de futebol da Universidade Ryerson, o mindset é o componente-chave que ele usa na seleção de jogadores para bolsas de estudo. Joseph diz que os pais o abordam e falam dos filhos: "Meu filho tem uma ótima visão." Ou: "Meu filho é capaz de ver todo o campo melhor do que qualquer outro de sua escola." Ou: "Meu filho tem o melhor chute de esquerda."

Mas o que Joseph mais procura não são as habilidades para o futebol, mas o mindset de dedicação e esforço. Esses recrutas podem aprender? Ele identifica alunos que acreditam em si mesmos. Ele procura jogadores que nunca perdem de vista seus objetivos e se esforçam para vencer, independentemente das probabilidades.

Joseph descreve algumas coisas que você pode fazer para criar um sólido mindset focado no sucesso. São técnicas simples, porém eficazes, para desenvolver um mindset que cria autoconfiança. Ele não está falando de autoconfiança irracional, no qual você age como se tivesse habilidades que não possui. (Adoro o comercial de seguros que mostra um homem que fica tão confiante após adquiri-los que vai a um artista de rua fazendo malabarismo com três motosserras e diz: "Me dê uma chance, sei que posso fazer isso.") Não, não estamos falando de confiança irracional quando uma habilidade é necessária e você não a possui. Estamos falando de maneiras de criar um mindset para confiar em tudo o que fizer.

Em primeiro lugar, de acordo com Joseph, para criar um mindset de autoconfiança, é necessário *repetir*. O autor Malcolm Gladwell discute a regra das 10 mil horas: se fizer 10 mil horas de algo, você se tornará especialista. Joseph conta a história de um goleiro da América do Sul que recrutou. Embora soubesse usar os pés, era frangueiro. Não importava o que fosse jogado, ele não pegava. Assim, Joseph fez o goleiro defender 350 bolas de futebol, todos os dias, durante 8 meses. O goleiro frangueiro agora joga futebol profissional de alto nível na Europa.

Muitas pessoas podem estar dispostas a pegar 350 bolas por dia, mas não por 8 meses. A maioria das pessoas não pratica nada por 10 mil horas. Elas param quando fica desafiador. Desistem quando ficam entediadas. Não se esforçam para conseguir o que querem. J. K. Rowling foi rejeitada por 13 editores antes de conseguir convencer uma a publicar o primeiro livro da série *Harry Potter*. Mas, devido à sua grande persistência, Rowling se tornou a primeira autora bilionária do mundo. Como você já sabe, Edison desenvolveu 10 mil lâmpadas antes de uma funcionar. Ele era conhecido por dizer que, com cada erro, ele se aproximava do acerto.

Recentemente, o programa *Blue-Collar Millionaire*, da CNBC, convidou uma jovem que faturava US$20 milhões por ano criando cavalos. Seu pai havia lhe dito: "Você não pode ganhar dinheiro criando cavalos." Seu segredo era a capacidade de encontrar grandes éguas com ótimos genes. Isso não era exatamente uma questão de habilidade, mas de trabalho árduo. Ela era de uma família que participava de rodeios, mas foi a primeira a ganhar dinheiro com os animais que amava.

Dois graduados estavam em empregos que odiavam. Após três anos, eles queriam uma mudança. Com a van dos pais emprestada, coletavam sucata por uma pequena taxa. Esses jovens empreendedores construíram uma franquia que fatura US$25 milhões por ano, apenas transportando sucata. Morando em Miami, um tem uma casa na hidrovia interior, enquanto o outro é dono de uma Maserati. Ambos estão casados e têm filhos pequenos. Se você perguntasse se eles eram inteligentes, eles diriam que sim. Se perguntasse se tiveram sorte, diriam: "É claro." Mas se perguntasse se eram preguiçosos, ambos diriam que não. Tudo se resumia a esforço e trabalho árduo.

Um dos meus milionários favoritos é um dedetizador de Atlanta, Geórgia. Ele comprou a empresa do pai por US$5 milhões e a transformou em uma de US$8 milhões em poucos anos. Uma empresa com despesas gerais baixas, de apenas 40%, e uma renda de US$8 milhões, é bem-sucedida, não importa o que faça. Mas a parte interessante de ganhar US$8 milhões como especialista em controle de pragas é o que ele tem que suportar. Procurar ratos mortos há dois dias em um sótão faz as pessoas vomitarem. Quebrar paredes para encontrar ninhos de cupins e baratas beira o insuportável.

Mas a verdadeira história de sucesso desses quatro milionários não se resume ao trabalho árduo. Todos dizem: "Desistir não é uma opção." Oitenta e cinco por cento dos empreendedores fracassam nos primeiros três anos. Por quê? Por causa do fluxo de caixa? Falta de publicidade? É por causa do mindset. Acho que a causa é a incapacidade de superar obstáculos. É a falta de esforço em lidar com contratempos.

Segundo, pessoas com mindset de autoconfiança têm *conversas animadoras*. Muitos de nós conversamos com negatividade. Dizemos coisas como: "Espero não estragar tudo. Espero não cometer esse erro de novo. Como sou estúpido." Minha cunhada nos disse recentemente que passou a noite toda se preocupando se estragaria o jantar de Natal da família. Ela fez o que deveria e estava preparada. No entanto, ainda se preocupava.

O diálogo interno prepara o cenário para o mindset. A forma como fala consigo reflete seu mindset. Ele reflete como você se comporta. Sua mente não filtra a forma como fala consigo mesmo. Se for negativo, retratará esses pensamentos. Se for positivo, seu comportamento também será coerente com isso.

O diálogo interno é como o arremessador de beisebol que diz para si mesmo: "Não jogue alto nem dentro para esse rebatedor." Sem dúvida, no arremesso seguinte, a bola será alta e passará por dentro, exatamente o que o arremessador *não* queria. A mente se confunde ao distinguir o diálogo interno negativo do positivo. Seus pensamentos são um reflexo de seu diálogo interno. Em outras palavras, se fala negativamente consigo mesmo, coisas negativas acontecem. Se fala positivamente, coisas positivas sucedem.

No meio de uma partida de tênis, há muitos anos, cometi duas falhas em pontos críticos. Eu me repreendi. Na verdade, falei em voz alta: "Que saque ridículo. Sou o pior tenista deste clube." Claro, perdi a partida, porque joguei ainda pior nos pontos seguintes. Isso foi resultado de meu diálogo interno negativo. É por isso que os atletas precisam de um tipo de amnésia. Eles precisam esquecer seus erros do passado, pensando apenas no sucesso de seu próximo ponto.

Terceiro, Joseph diz que você deve *se afastar de todos os que o colocam para baixo*. Chamo isso de "a teoria dos mil cortes". Não são os elefantes que pegam você, são os mosquitos. Se uma pessoa disser que você não pode fazer algo, talvez consiga superar isso. Mas, se muitas diminuem seus objetivos e habilidades, talvez acredite nelas.

Palestrantes profissionais como eu são conhecidos por seus egos saudáveis. Um mindset de autoconfiança é muito importante. Já viu um palestrante tímido? Não é muito inspirador! A rejeição do público pode ser intensa, principalmente no começo. Uma vez, um participante de um seminário me deixou triste, dizendo que meu humor era pueril. Um dos meus colegas, não tão motivadores, disse: "Se alguém o chama de burro, considere a fonte. Quando duas pessoas o chamam de burro, compre uma sela." É bom ter uma dose de realidade, mas você não quer pessoas ao seu redor que não refletem nem apoiam o mindset que está desenvolvendo.

Pense nas pessoas ao seu redor. Elas apoiam seus objetivos e habilidades? Elas se sentem bem ou tiram vantagem ao diminuí-lo? Aqui está mais uma pergunta de um psicólogo: você consegue diferenciar esses dois tipos de pessoas?

Por fim, Joseph diz que um mindset de autoconfiança inclui a capacidade de *catalogar seus sucessos passados*. Lembro-me de minha filha Caroline jogando tênis. Assisti a um de seus jogos de dupla e perguntei: "Como você se saiu?" Ela disse: "Joguei muito bem, pai, eu estava demais hoje." Ela estava jogando o mesmo jogo que vi? Ela mal tocou na bola. A outra equipe rebatia para o parceiro dela 90% das vezes. Ela acertou algumas bolas, mas foi só isso. Caroline se lembrou apenas dos lances bons. Ainda assim, sua impressão sobre como jogara era tudo o que importava.

Se você é como eu, precisa se lembrar de como foi a última vez. Porém, mais profundo do que isso, costumo lembrar melhor meus erros do que sucessos. Circula uma teoria entre os atletas profissionais de que a dor de perder é maior do que a alegria de vencer. Meu amigo Terry Bradshaw, quarterback do Pittsburgh Steelers que virou repórter de TV, me ouviu dizer isso e depois me contou sobre todas as pick-six que lançara. Mesmo sendo quatro vezes campeão do Super Bowl, ele se lembrava de seus erros vividamente.

Pessoas com mindset de autoconfiança se lembram mais intensamente do sucesso do que do fracasso. Elas catalogam as situações bem-sucedidas e se dedicam a esquecer aquelas em que se saíram mal. Ou as reinterpretam e recatalogam como simples experiências de aprendizado, para ajudá-las a melhorar.

Se você é uma pessoa que tende a se lembrar das performances ruins, em vez das boas, isso pode ser um desafio. Mas a prática leva à perfeição. Lembre-se de seus grandes sucessos e se recompense a cada passo para tentar conquistá-los. Posteriormente, falaremos sobre como se recompensar, mas, se você se esforçar para alcançar o sucesso, presenteie-se com algo especial agora. Se fizer uma venda, saia para jantar no mesmo dia. Se estiver dentro do cronograma e concluir o primeiro dia de um projeto, pegue um pote de iogurte, como minha filha Catherine. Se limpar a garagem, leve sua esposa para jantar, mesmo que tenha mais trabalho a fazer amanhã. As recompensas tornam as lembranças de seus sucessos mais intensas.

DE ONDE VEM SEU MINDSET?

Como outros comportamentos, seu mindset é um produto do feedback que recebeu de professores, pais, amigos e até de seus treinadores. Um professor de matemática que o incentiva pode criar um mindset de que você pode resolver qualquer problema. Um pai que o chama de irresponsável pode criar um mindset de insegurança. Um treinador que diz: "Não perca" pode fazer com que você duvide de si mesmo, criando um medo de falhar no futuro.

Meus heróis antes de eu jogar na turnê profissional de tênis eram Stan Smith, Rob Laver e Jimmy Connors. Logo após me aposentar da minha breve carreira, John McEnroe entrou em cena. A final de Wimbledon de 1981 entre McEnroe e Bjorn Borg foi, sem dúvida, a melhor da história do tênis. Borg venceu McEnroe na final de 1980, criando uma final ainda melhor no ano seguinte. Mas 1981 foi o ano da redenção de McEnroe. No entanto, ele não foi educado por seu pai para desenvolver um mindset vencedor. McEnroe disse que o pai o pressionava demais. Muitos pais de tenistas tiram a diversão do jogo. O de John parecia viver para o crescimento da carreira júnior de seu filho. John disse a ele que não estava gostando de jogar tênis. Ele perguntou: "Você precisa comparecer em todos os treinos?" John deu ao pai o sucesso desejado, mas não aproveitou nenhum momento.

Mais tarde em sua carreira, McEnroe disse que amava a adulação, o dinheiro e a fama. Mas não gostava muito de praticar o esporte. Compare isso com o campeão de tênis Roger Federer, que sempre disse a repórteres que a aposentadoria seria a pior fase de sua vida, porque gosta muito de jogar tênis. É possível perceber seu mindset mesmo nas partidas em que perde. Ele sempre adota uma postura de parabenização, elogiando o oponente. Não fala sobre o quanto jogou mal, mas sobre o quanto o oponente foi bom. Acima de tudo, fala sobre o quanto gostou da partida. Roger Federer foi o número 1 do mundo por 302 semanas. John McEnroe foi o número 1 do mundo por apenas 170 semanas. A diferença era que o mindset de Federer era de satisfação. O de McEnroe, apenas de agradar ao pai.

Todas as suas experiências de infância contribuíram para criar seu mindset. Mais tarde discutiremos um modo de mudar seu mindset para o que você quer ter.

COMO O MINDSET AFETA SEUS VIESES

Como mencionei, o mindset influencia suas emoções, pensamentos e comportamento em relação ao mundo. Todos nós temos filtros para avaliar as informações que processamos. Se reagíssemos a tudo o que ouvimos e lemos, ficaríamos loucos. Seu mindset é um filtro que faz com que você crie vieses sobre tudo o que vivencia. É uma espécie de impasse do ovo e da galinha. Seu mindset influencia seus vieses, e seus vieses o reafirmam. Alguns dos muitos vieses de filtragem que endossam seu mindset incluem *comportamento de rebanho, senso comum, recência* (sua memória recente), *extremos e aversão à perda*. Um dos mais poderosos é o *viés de confirmação*.

Viés de confirmação é nossa tendência de procurar e sermos persuadidos por informações que endossam nossas crenças. No meu livro *Why Smart People Make Dumb Mistakes with Their Money* ["Por que Pessoas Inteligentes Cometem Erros Burros com Dinheiro", em tradução livre], detalhei a pesquisa de Ed Russo, professor de marketing da Universidade Cornell. Ele pediu aos alunos para avaliarem restaurantes. Ele lhes mostrou fotografias e cardápios, e pediu que classificassem os estabelecimentos de um a dez. Alguns alunos gostaram do cardápio de determinado restaurante e deram nove, enquanto outros ficaram menos impressionados e deram três. Então os alunos foram levados para dentro do restaurante. Eles viram aspectos menos atraentes, como almofadas rasgadas, pisos bagunçados e o mau estado dos banheiros. Russo então pediu que o avaliassem novamente. Mesmo depois que os alunos viram o restaurante, as avaliações variaram das pontuações iniciais em apenas 10%.

As empresas dependem do viés de confirmação para construir suas marcas. Os fones de ouvido da Bose são tão bons que, quando um modelo "in-ear" é apresentado, você presume a excelência da Bose. Quando a Porsche lança um híbrido, seu viés é de excelente engenharia e desempenho. Por outro lado, leva uma vida inteira para superar uma primeira impressão ruim. Mudá-la é um desafio.

Alguns anos atrás, decidi tirar férias em Belize com minha família. Reservamos a passagem aérea e o hotel, e mal podíamos esperar para partir. Mas um furacão passou pelo Caribe por três dias antes da viagem. Minha esposa queria que eu cancelasse, mas argumentei que a tempestade logo se dispersaria. Analisei a trajetória e os padrões do vento e me convenci de que nossas férias não estavam em risco. Só cedi quando o hotel ligou e disse que fechariam por cinco dias. Eu sabia que um furacão estava atravessando a área. Mas as notícias que ouvi previam que ele não cruzaria Belize.

Dick Winick, da Cornerstone Research em Boston, notou que, quando os consumidores selecionam a mesma marca de carro ano após ano, eles se dispõem a pagar mais. Os proprietários do Buick pagavam uma média de US$2.500 a mais por veículo, e os da Mercedes, US$10 mil. O motivo é que os proprietários leais tendem a ser menos céticos e dispostos a negociar do que os novos compradores, mais inclinados a chegar a um acordo. Você sempre consegue um acordo melhor se estiver disposto a desistir. O viés de confirmação também é endossado pelo constante aprimoramento da tecnologia. Os carros não estragam com tanta frequência e têm garantias mais extensas. Hoje, há menos chances de se decepcionar com sua compra.

Anos atrás, fui a uma concessionária BMW para comprar o novo 650i. Havia alguns carros bonitos no estacionamento. Minha esposa, Merita, perguntou se eu já havia dirigido um Porsche. (Atualmente, durante os seminários, digo brincando: "É pronunciado *Porsh* ou *Porsha*? Estou curioso, já que possuía um Toyot!") Fui até lá pela BMW, mas estava curioso sobre o Turbo 2003 do outro lado do estacionamento. Fiz um test-drive e logo virei fã da Porsche. Era tão rápido que quase nem dava para ver passando.

Eu tive quatro BMWs antes desse passeio de compras, mas agora estava em uma missão para adquirir um Porsche 911s Carrera. Era a primeira vez que eu compraria um Porsche. Acabei encontrando um Carrera em Pasadena. Negociei um desconto de US$15 mil, algo inédito na maioria das concessionárias Porsche. O carro estava no estacionamento há três meses. Eu estava disposto a desistir, a menos que conseguisse o preço ideal. Recentemente comprei outro Porsche, mas não negociei tanto, pois me apaixonei pela marca. Não consegui o melhor negócio. Tinha desenvolvido o viés de confirmação. Portanto, da próxima vez que quiser comprar um carro, não se apaixone pelo modelo nem pela marca. Esteja disposto a comprar de outro fabricante se quiser economizar.

Seja um carro, comida ou destino de férias, depois de desenvolver um viés de confirmação, você verá novas informações por meio de um filtro que as endosse. É provavelmente por isso que nunca consegui fazer minhas filhas verem o que não gosto em seus namorados. Elas apreciam o que têm predisposição para ver e desconsideram as informações que não condizem com suas crenças. (Para constar, os meninos com quem estão agora são muito legais. Mas os pais nunca acham que eles são bons o suficiente para suas filhas.)

Um de meus clientes buscava uma nova assistente de escritório. Ele recebeu 20 candidaturas de um anúncio online. A candidata de que mais gostou já tinha emprego. Quando ela ligou, foi do número do empregador atual. Perguntei a ele se estava incomodado com o fato de a candidata buscar outro emprego durante seu horário de trabalho. Ele disse: "Tenho certeza de que ela não fará isso quando trabalhar para mim." Um mindset de viés de confirmação ocorreu novamente. Três meses depois, ele a demitiu porque ela usava o horário de trabalho para resolver assuntos pessoais. Como todas as minhas filhas e clientes ouviram muitas vezes: "Quando as pessoas lhe mostrarem quem são, acredite nelas."

Depois que me casei, em 1990, fiz um discurso em Torquay, uma cidade litorânea no sudoeste da Inglaterra. Chegamos a Londres, alugamos um carro e passamos a noite em Sussex. Minha esposa, Merita, queria passar a tarde visitando antiquários. Ela encontrou um belo relógio antigo. Achei US$1.000 muito caro, mas ela estava convencida de que era um achado, que custaria US$3.000 nos EUA. Quando retornamos para casa, um revendedor o avaliou em apenas US$500. Minha bela esposa foi vítima do viés de confirmação. Ela não estava aberta para um ponto de vista contrário.

As pessoas costumam ouvir o que querem. Elas se concentram nas informações que confirmam suas crenças e descartam qualquer evidência ou informação conflitante. Como resultado, muitas decisões são baseadas em informações imprecisas, incompletas e/

ou simplesmente erradas. Antes da eleição presidencial de 2008, o apresentador Jay Leno fez uma de suas entrevistas com moradores de rua do distrito de Harlem, em Nova York. Ele perguntou o que achavam de Barack Obama. Se estivessem dispostos a votar em Obama, Leno perguntava o que pensavam de sua postura pró-vida e de sua escolha de Sarah Palin como companheira de chapa.

Em quase todos os casos, os entrevistados julgavam que Obama tinha razão em ser pró-vida e antiabortista. Eles concordavam que ter uma mulher como vice era uma ótima ideia. Na verdade, essas informações eram falsas. Obama é pró-escolha e seu vice era Joe Biden. Mas, devido ao viés de confirmação, as declarações eram aceitas se apoiassem Obama ou desconsideradas se entrassem em conflito. A propósito, o viés de confirmação afeta os apoiadores de Donald Trump, Bill Clinton e todos os outros presidentes.

Embora superar o viés de confirmação não seja fácil, existem maneiras de mitigá-lo. Primeiro, obtenha a opinião de pelo menos duas outras fontes antes de se decidir. (Obviamente, é mais fácil dizer do que fazer, pois você provavelmente ficará inclinado a acatar seu conselho favorito.) Em seguida, faça sua pesquisa. Se só tem um martelo, trata o mundo inteiro como se fosse um prego. Se tiver um pouco de informação, projetará sua decisão com base nela. Portanto, pese igualmente informações boas e ruins. Você ainda cometerá erros, mas, pelo menos, eles serão mais ponderados.

MINDSET E MUDANÇA

De acordo com um estudo recente da consultoria McKinsey & Company, organizações e empresas que se concentram em mudar o mindset têm quatro vezes mais sucesso em seus esforços de mudança do que as que o negligenciam.

Sou psicólogo corporativo. Palestro pelo mundo há mais de 40 anos. Visitei todos os continentes e quase todos os países, exceto a Rússia. Nas minhas viagens para falar em convenções, vi empresas fazerem melhorias drásticas. Isso foi possível porque elas primeiro reformularam a cultura da empresa. As empresas alteram os sistemas de compensação e incentivos, e até ameaçam consequências negativas. Mas mudanças duradouras são raras. Por quê? Porque sua intenção é mudar o comportamento, não o mindset. Sabemos que ele gera resultados. Mas é o mindset que conduz o comportamento.

Muitas vezes, sou contratado para fazer discursos motivacionais com o objetivo de estimular os funcionários de uma organização. Geralmente, sou a última alternativa, depois que os executivos seniores fracassaram em todas as outras estratégias. Muitos anos atrás, palestrei após o jantar em uma empresa de recrutamento de executivos. Havia cem associados, e eles ficavam mais bêbados a cada minuto. O vice-presidente sênior se levantou para me apresentar. Ele disse ao grupo: "Quero que todos saibam que reduzimos suas comissões, diminuímos seu salário em 10% e aumentamos sua coparticipação no plano de saúde em US$500 por mês. E eu gostaria de apresentar nosso palestrante principal, Dr. Kerry Johnson, para motivar todos vocês a fazerem conquistas ainda maiores e dar-lhes uma grande despedida." Desnecessário dizer que não fui aplaudido de pé naquela noite. É como o adesivo de para-choque que diz: "As batidas pararão quando o desempenho melhorar."

2

O Mindset Extrovertido, de Crescimento e Fixo

De acordo com o livro de James Farrell, *The Outward Mindset: Seeing past ourselves* ["O Mindset Externo: Vendo o passado", em tradução livre], pessoas e organizações só podem fazer mudanças duradouras se tiverem um mindset extrovertido, o que significa perceber e priorizar as necessidades das outras pessoas, não as suas. Aqueles que têm mindset introvertido se concentram apenas nos próprios objetivos e nas próprias responsabilidades limitadas. Em geral, concentram-se mais no que fazem do que na forma como isso afeta a organização. Isso também pode se aplicar a você, de forma isolada. Você age pensando em si mesmo ou em como isso pode afetar sua família e amigos?

Joguei tênis há alguns meses com um grupo de quatro bons amigos. Como sempre, depois de uma partida, tomamos uma cerveja. Um amigo disse que a esposa queria que ele chegasse às 18h para o jantar. Às 19h, falei: "Já está tarde; sua esposa ficará chateada." Ele respondeu: "Não importa, ela só fica brava por pouco tempo." Este é um exemplo de mindset introvertido: pensar mais nos seus desejos, em vez de como as pessoas são afetadas por seu comportamento.

No meu dia a dia de trabalho, encontro silos de funcionários nas empresas. São pessoas com responsabilidades e processos definidos, que se ressentem com aqueles que os afetam. Pode ser uma pessoa da administração que se sente ameaçada quando outra é contratada. Pode ser um vendedor que se ressente de outro que se junta à equipe. Ou aqueles que ficam aborrecidos quando uma reorganização corporativa muda suas responsabilidades de trabalho.

Anos atrás, uma vendedora muito perspicaz me trocou por outro palestrante. Ela me disse que ele, a quem eu conhecia muito bem, ofereceu-lhe 25% a mais de pagamento. Mas, quando alguém diz que está deixando a empresa por dinheiro, geralmente é uma desculpa. Eu também tinha uma pessoa no setor administrativo focada apenas em seus sistemas de contabilidade, planejamento de eventos e escritório. Ela não parecia interessada em saber se minha empresa estava crescendo ou em declínio. Só estava interessada em seus sistemas.

A vendedora era conhecida pelo desleixo. Ela raramente elaborava a documentação das palestras que agendava ou relatórios sobre suas atividades semanais, embora fosse exigido. Mas era uma vendedora tão boa que eu normalmente fazia a papelada para ela. A pessoa da administração, por outro lado, estava tão concentrada em seus sistemas e processos que se tornou passivo-agressiva, irritando todo mundo. Como resultado, a vendedora pediu demissão para trabalhar em meu concorrente.

Em *The Outward Mindset*, Farrell discute alguns padrões de mindset que você pode aplicar.

1. **Observe os Outros.** Isso significa se tornar curioso e focado em necessidades, obstáculos e objetivos daqueles com quem você interage. Os líderes criam oportunidades para as pessoas crescerem. Eles ajudam seus subordinados a superar obstáculos

para ser mais bem-sucedidos. Colegas de trabalho podem fazer as coisas de uma maneira que ajude os outros a ter sucesso.

Um dos meus clientes de coaching é um negócio familiar. O chefe é um consultor financeiro com três associados e quatro administradores. Sua esposa chefia a parte administrativa. O associado mais produtivo gera a papelada com erros, isso quando a entrega, o que acarreta um trabalho enorme para a esposa, que perde horas ligando para clientes e lidando com a equipe de compliance. Tudo isso seria resolvido se o associado tivesse um mindset extrovertido, em vez de um introvertido.

2. **Adéque os Esforços.** Saiba o que as pessoas a seu redor buscam realizar. Você está agindo para tornar seus próprios esforços úteis para as pessoas com quem interage? O interessante é que, ao ajudar as pessoas, elas também o ajudarão a atingir seus objetivos.

3. **Concentre-se no Impacto.** Pessoas com mindset introvertido se concentram no que fazem. As com o extrovertido, no impacto *nos outros*. Pessoas com mindset extrovertido se sentem responsáveis pelas consequências.

Uma maneira de gerar um impacto enorme é falar com um grupo. Geralmente, também é aterrorizante, pois um dos maiores medos que as pessoas têm é falar na frente de um grupo. Estive em Las Vegas há muitos anos, palestrando para milhares de empresários sobre "como ler a mente dos clientes". Eles precisavam falar na frente de grupos; assim, o palestrante que veio depois de mim falou sobre como se tornar um orador melhor. Ele disse: "Há três grandes medos que as pessoas têm na vida. Número um, falar para um grupo. Número dois, morrer. E número três, presumivelmente, morrer enquanto fala para um grupo." Sou um orador bastante divertido, mas, quando ouvi essa frase ótima, chorei de rir.

As pessoas têm tanto medo de falar porque seu foco é interior. Elas são consumidas pela forma como se sentirão, com seu desempenho e se as pessoas gostarão delas.

Compare isso com os melhores palestrantes que já ouvi, que estão entre meus melhores amigos. Esses gigantes motivacionais são: Cavett Robert, Charlie "Tremendous" Jones, Zig Ziglar, Roger Dawson e Les Brown. Durante seus discursos, cada um desses brilhantes oradores foca o impacto que têm sobre o público. Eles podem mudar a vida das pessoas? Podem ajudá-las a melhorar? Quando você tem um mindset extrovertido com um grupo, a ansiedade e o medo se dissipam à medida que seu desejo de impactar rouba a cena. Se deseja se tornar um grande orador, desenvolva um mindset extrovertido e se concentre no que pode fazer pelo seu público. Como Norman Vincent Peale disse uma vez: "Se você ajudar as pessoas a conseguir o que querem, elas o ajudarão a conseguir o que deseja."

Um dos programas de treinamento mais desafiadores e exigentes fisicamente do mundo é o treinamento da equipe SEAL da Escola Básica de Demolição Subaquática (BUDS, na sigla em inglês). Os SEALs só admitem os melhores da Marinha, mas não para por aí, pois também incentivam os candidatos a desistir — quanto mais cedo, melhor. A lógica é a seguinte: se um candidato desistir do treinamento da BUDS, o mesmo acontecerá durante uma missão. O capitão Rob Newson, um Navy SEAL de carreira, relata que os candidatos podem desistir quando quiserem tocando uma campainha que fica ao lado dos complexos de treinamento da BUDS de Coronado ou Virginia Beach.

Newson diz que todo candidato que sai tem mindset introvertido. Eles param de pensar nos companheiros de equipe e na missão e se concentram em si mesmos. Mas, quando os candidatos pensam apenas na missão e nas pessoas ao redor, suportam tudo. E a palavra *tudo* tem um significado profundo. Esses candidatos são privados de sono por uma semana, ficam molhados, com frio e cansados. O principal indicativo de que esses poucos selecionados conseguirão passar pelo treinamento militar mais exigente do mundo é o *mindset* — não a habilidade, não a força, apenas o mindset.

Outro exemplo é focar algo além de si. Os evangelistas falam sobre a renúncia a carreiras empresariais bem-sucedidas para se dedicar à alegria de salvar almas e ministrar suas congregações. Sempre que ouve uma história de um soldado que se jogou em uma granada, arriscando sua vida pelo amigo, é porque ele se sacrifica por uma causa maior.

Um dos meus clientes de coaching administra uma corretora de seguros bem-sucedida. Richard é talentoso como vendedor e sua assinatura de e-mail é "Fecho Todos os Negócios". Ele se classifica facilmente para o topo da Million Dollar Round Table, que exige que o participante tenha no mínimo US$1 milhão por ano em renda. Mas seu sucesso não vem de suas habilidades com vendas ou persistência. Seu maior dom é a paixão e a crença de que seus clientes precisam de seguro de vida para proteger suas famílias, ter uma fonte de renda para a aposentadoria e se beneficiar de cuidados prolongados, além de acumular economias de aposentadoria isentas de impostos. Embora o dinheiro seja importante, ele se importa mais com o bem-estar de seus clientes. É apaixonado por melhorar a vida das pessoas com o que vende. Treinei pessoalmente centenas de clientes. Talvez 5% dessas pessoas tenham a mesma paixão de Richard. O engraçado é que, quanto mais meus clientes desenvolvem o mindset extrovertido, mais dinheiro ganham.

Um dos meus clientes do Maine de alguns anos atrás era o oposto. Jim faltava às reuniões de treinamento e sempre inventava desculpas para a baixa produtividade. Depois de alguns meses, percebi que ele só se esforçava para ajudar seus clientes quando precisava de dinheiro. A renda de Richard é 20 vezes maior que a de Jim. Adivinhe: quem se diverte mais? O produtor que tem mindset introvertido ou aquele que tem mindset extrovertido?

Bill Bartman é fundador da CFS2 Bill Collection Company. Embora o setor de cobrança não seja muito atraente, Bartman fundou a empresa por causa dos contratempos da própria vida. Você sabe como é. Os cobradores ligam para você até que os atenda, ameaçando restringir seu crédito, a menos que prometa pagar uma conta. Mesmo que não seja preso, como acontecia no século XIX, o processo ainda é embaraçoso e árduo.

Bartman logo percebeu que as pessoas não pagavam as contas porque não tinham dinheiro. Um mindset introvertido se concentraria no processo de cobrança; ligando, ameaçando e ofendendo. Mas Bartman adotou uma abordagem de mindset extrovertido. Ele ajuda as pessoas a pagar suas contas, fazendo-as ganhar mais dinheiro. A princípio, sua equipe dava conselhos sobre o orçamento dos devedores. Mas isso não funcionava bem. Quem tem dívidas fica tão abatido que perde toda a motivação para melhorar sua vida. Então, os funcionários do CFS2 começaram a elaborar currículos para os clientes. Eles procuravam oportunidades de emprego, ajudavam os clientes a preencher solicitações e agendar entrevistas. Faziam entrevistas simuladas para ajudar os clientes a se preparar. Pense em um mindset extrovertido! A equipe de Bartman até liga para os clientes na manhã das entrevistas, lembrando-lhes de ir.

Bartman passou a incentivar a equipe não apenas em relação a dívidas pagas, mas pelos serviços prestados aos clientes. Os resultados foram excelentes. A taxa de quitação de dívidas da CFS2 é duas vezes maior que a de qualquer outra empresa do setor. Bartman criou uma empresa que se tornou parceira, ajudando os clientes a pagar em vez de evitar o cobrador. Este é um exemplo de como um mindset extrovertido não é apenas bom de adotar, mas gera resultados financeiros extraordinários para a empresa.

O San Antonio Spurs, equipe da NBA, permaneceu dominante em um esporte extremamente competitivo. Apesar do envelhecimento dos principais jogadores, eles conseguiram rotatividade de membros da equipe, negociações constantes de contratos e, às vezes, disputas. Mas o treinador Gregg Popovich chama sua equipe de "organismo de mindset extrovertido dinamicamente adaptável". A palavra *organismo* é adequada porque cada membro atua como parte de uma equipe com uma única identidade. Não há ego para impedir que os movimentos mais vantajosos sejam bem-sucedidos. Isso é notável no basquete. O ex-LA Laker Kobe Bryant repreendia os membros de sua equipe até que lhe entregassem a bola.

O Houston Rockets de 1999 era chamado de "time dos sonhos". Eles tinham Hakeem Olajuwon, Scottie Pippen e Charles Barkley, entre muitas outras estrelas. Também eram os jogadores mais bem pagos da NBA na época. Mas esses Rockets perderam uma temporada porque o time dos sonhos não jogava de forma colaborativa. Eles eram uma equipe de indivíduos com mindset introvertido, em vez de uma equipe com mindset extrovertido, que se dedicaria a ajudar os outros a ter sucesso. Quando toda a equipe é bem-sucedida, ganha-se o jogo. Como você já ouviu em inúmeros comerciais de televisão, não existe a sequência de letras "eu" em "equipe".

Popovich disse que o segredo de seu sucesso era procurar jogadores que "se superavam". Ele desenvolveu um mindset extrovertido, criando uma cultura que dava aos Spurs uma vantagem competitiva. Seu sucesso foi baseado em quatro fatores:

1. Recrutamento e construção de abnegação e trabalho em equipe. Popovich chamou isso de "excelência no relacionamento".
2. Cuidado dos funcionários e dos jogadores como pessoas.

3. Dar voz aos jogadores e à equipe.
4. Atingir a excelência da tarefa, possibilitada pela excelência nos relacionamentos.

Popovich disse que a disciplina em uma equipe, embora seja sempre importante, não basta. O segredo são os relacionamentos. Ele disse: "Você precisa fazer os jogadores perceberem que se importa com eles; por sua vez, eles precisam se preocupar e se interessar uns pelos outros."

Com um mindset extrovertido, Popovich demonstrou novamente que, quando você ajuda as pessoas a conseguirem o que querem, elas o ajudam a conseguir o que deseja. Os jogadores sentem uma obrigação maior de desenvolver suas habilidades e ter sempre o desempenho máximo. Isso reforça o argumento de que, quando os jogadores se dedicam a algo maior que eles, alcançam resultados muito melhores do que conseguiriam focados apenas em si mesmos.

O MINDSET DE CRESCIMENTO

Uma das mais famosas pesquisadoras de mindset é Carol Dweck, psicóloga de Stanford. Ela tinha interesse em entender como as pessoas lidam com o fracasso. Primeiro, estudou crianças, dando-lhes quebra-cabeças complexos de resolver. Um garoto de dez anos puxou a cadeira, esfregou as mãos, prendeu os lábios e disse: "Adoro um desafio." Outro estudante disse com condescendência: "Esperava que fosse um desafio." Um estava disposto a se esforçar ao máximo, enquanto o outro considerou o quebra-cabeça indigno de seu esforço. Um estava disposto a arriscar; o outro, nem um pouco.

Dweck começou a se perguntar se as qualidades humanas eram dadas ou se o desempenho poderia ser melhorado com maior esforço. A questão do talento versus trabalho árduo preocupa psicólogos há décadas. Quando eu era pós-graduando, nos anos 1970, estudamos natureza versus criação. Na época, acreditava-se que, embora seus talentos e habilidades sejam concretos, você pode fazer apenas pequenas melhorias. O senso comum acreditava que cerca de 80% de quem você é, incluindo suas habilidades e sucesso futuro, dependiam de seu talento. Cerca de 20% do seu potencial baseavam-se no que você faz com esse talento. Dweck subverteu esse conceito.

Até formulamos maneiras de medir o potencial. Uma foi o teste de QI (quociente de inteligência). Hoje, a maioria das pessoas pensa que o QI é uma capacidade imutável de aprendizado. Até a literatura moderna o descreve como algo fixo, que não pode ser aumentado. O criador do conceito de QI foi Alfred Binet, um psicólogo francês que trabalhava em Paris no início do século XX e queria identificar crianças que não estavam prosperando com o sistema de ensino público da cidade. Ele queria encontrar as crianças que teriam melhor desempenho em novos programas educacionais, a fim de incentivá-las.

No segundo ano do ensino médio, eu estava em uma aula de história de que não gostava. Resisti por um mês e então visitei minha orientadora educacional, pedindo para mudar de turma. Ela disse que todas estavam cheias, exceto uma, de um programa para alunos talentosos. E me disse que eu já havia sido testado e meu QI não era alto o suficiente para entrar. Disse a ela o quanto não gostava da turma e a orientadora finalmente cedeu. Aplicou um novo teste de QI, com duração de três horas. Desanimado, fiz o teste e, relutante, voltei para a aula chata. No dia seguinte, ela me chamou em seu escritório, chocada. Disse que marquei o percentil 99 e que nunca tinha visto alguém capaz de aumentar seu QI. Mas a principal razão para estar em êxtase era que, na época, as escolas recebiam mais verba por encontrar estudantes com alto QI. O problema era que raramente testavam alguém duas vezes.

O QI também cria uma imagem pessoal que afeta a forma como você conduz sua vida. Ele determina seus objetivos, carreira e até as coisas que acha ser capaz de realizar. Imagine todas as crianças que foram informadas de que seu QI médio não era suficiente para que cursassem medicina ou engenharia...

O MINDSET FIXO

Quando tem um conceito de si mesmo limitado pelo talento e capacidade que possui, você, de fato, se limita. Dweck definiu isso como *mindset fixo*. As pessoas que o tem acreditam que não podem se tornar Einsteins ou Beethovens. Elas argumentam que, se tivessem esses dons, alguém os teria identificado quando jovens. Esse mindset é tão limitador que, ainda que seu sonho fosse se tornar um físico, se lhe dissessem que não era capaz, você fracassaria. Se falhasse, seria rejeitado. Se fosse rejeitado, seria um perdedor, então por que arriscar? Portanto, o mindset fixo limita o que você pensa que pode realizar. Ele faz com que reduza suas expectativas, e limite seus objetivos e até seu estilo de vida.

É interessante que Charles Darwin e o grande escritor russo Liev Tolstói eram crianças comuns. Ninguém os definiu como superdotados. Até Ben Hogan, um dos maiores jogadores de golfe de todos os tempos, era descoordenado quando criança. Você deve ter ouvido falar que Fred Astaire fez uma audição em que o diretor lhe disse que não se impressionou. Astaire manteve a crítica do diretor de testes da MGM em cima da lareira, após sua primeira audição, que dizia: "Não sabe atuar. Ligeiramente careca. Dança um pouco." Até o grande Michael Jordan foi cortado do time de basquete do ensino médio. Jordan disse uma vez: "Eu falhei várias vezes na minha vida, e é por isso que continuo tendo sucesso."

Embora o QI meça a capacidade de aprender no momento em que o teste é realizado, não há um teste para medir qual será a inteligência de alguém em dez anos. Muitos psicólogos pensavam que as pessoas superestimavam seus talentos e habilidades. Pelo contrário. Estudos mostram que as pessoas são péssimas em estimar as próprias habilidades. Na verdade, é provável que você subestime muito seu desempenho e capacidade. Pessoas com mindset fixo fazem isso.

Uma das peculiaridades do QI é o que ele realmente mede. Binet queria dar aos alunos melhores resultados de aprendizagem. Mas o QI não mede o quão inteligente você será. Pessoas com mindset de crescimento são rápidas em perceber que o QI mede um momento, mas não o futuro. Aqueles com mindset fixo ficam presos à noção de que seu QI é tudo o que serão.

Uma das tragédias do mindset é a expectativa que os professores nutrem em relação aos alunos. Se um professor acreditar que um aluno tem um QI alto, interagirá com ele de maneira diferente. Se um professor acreditar que um aluno tem um QI baixo, diminuirá suas expectativas. Isso aconteceu quando fui transferido para a turma de alunos talentosos. Os professores eram mais desafiadores e envolventes do que nas aulas para aqueles com QI mais baixo. Os professores dos alunos superdotados pensavam que estavam formando os próximos neurocirurgiões e cientistas espaciais, em vez de apenas capacitar os alunos.

Há muitas histórias sobre alunos com QI de genialidade que falharam miseravelmente na escola. Einstein abandonou a escola. Bill Gates, famoso pela Microsoft, abandonou Harvard, assim como o fundador do Facebook, Mark Zuckerberg.

O professor do filme *O Preço do Desafio* pensava de maneira diferente. A Garfield High School era uma das piores escolas de Los Angeles. Mas o professor de matemática Jaime Escalante acreditava que todos os alunos poderiam alcançar a excelência. Ele achava que todo aluno poderia ter um mindset de crescimento; não se perguntou *se* poderia ensiná-los, mas *como*. Sua atitude se concentrava em como ensiná-los da melhor maneira, não em saber se poderiam aprender. Ele não apenas lhes ensinou cálculo, mas também os levou ao topo das turmas de matemática de todo o país. Em 1987, havia apenas três outras escolas no país com mais alunos fazendo o teste avançado de cálculo para a faculdade. Todos os alunos de Escalante ganharam créditos nas universidades. Como havia poucas minorias nesse nível avançado de matemática, muitos professores antes dele acreditavam que não valia a pena. Eles achavam que aquele tipo de aluno era incapaz de aprender.

Sempre vejo pessoas gratas por um professor em particular que acreditou nelas — que dedicou mais tempo e investiu muito para ajudá-las a aprender. Pense em como sua vida mudaria se todos os seus professores tivessem adotado essa atitude. É isso que torna os bons professores tão especiais. São aqueles que acreditam, não em quem você é agora, mas em quem pode ser. Eles não têm mindsets fixos, mas de crescimento, preparando você para o futuro.

Dweck também identificou que aqueles com mindset de crescimento acreditam que, por meio de esforço e foco, podem alcançar o que desejam. Essas pessoas acreditam que, quando se esforçam mais nas aulas, obtêm melhores notas. Se tiverem mais cuidado ao dirigir, sofrerão menos acidentes. Se estudarem mais e fizerem pós-graduação, avançarão nas carreiras. Acreditam que podem trabalhar mais para melhorar suas vidas. Aqueles com mindset fixo acreditam que não podem fazer nada. Quem são é tudo que terão.

O livro *Mentes Extraordinárias,* de Howard Gardner, afirma que pessoas excepcionais têm um talento especial para descobrir as próprias forças e fraquezas. As pessoas com mindset de crescimento sabem o que fazem bem e quais são seus maiores desafios. Mas, diferentemente das pessoas com mindset fixo, acreditam que podem melhorar tanto nos pontos fortes quanto nos fracos.

Michael Jordan parece ser o epítome de alguém que nasceu com grande talento e habilidade. Estava destinado à grandeza. Os comerciais diziam: "Seja como Mike." Ele era um semideus de tênis. Ninguém ousaria dizer que ele não era especial. Mas Jordan disse uma vez: "Sou uma pessoa como qualquer outra." Não era especial. Seu grande sucesso aconteceu porque ele trabalhou pesado no desenvolvimento de suas habilidades. Nunca aparentou ser melhor do que ninguém. Como vimos, em 1978, aos 15 anos, foi cortado do time de basquete do ensino médio. Com apenas 1,78m, ele não conseguia nem enterrar uma bola de basquete. Os 15 jogadores do time provavelmente tinham habilidades mais inatas. Jordan pode não ter usado essas palavras, mas superou um mindset fixo e continuou crescendo.

Com 1,80m, também fui cortado do meu time de basquete. Mas, diferentemente de Jordan, nunca mais joguei. Pena que, aos 15 anos, eu não conhecia o mindset de crescimento.

Em um mundo de mindset fixo, o fracasso define os limites de seus talentos e habilidades. Em um mundo de mindset de crescimento, o fracasso é um contratempo, um revés para conseguir o que você deseja. Uma nota ruim é um contratempo no caminho de uma boa nota. Perder um torneio de tênis é um revés para a vitória no próximo.

Mas há uma diferença poderosa entre o mindset fixo e o de crescimento. É o *esforço*. Em um mundo de mindset fixo, a conquista não deve exigir muito esforço. Em um mundo de mindset de crescimento, o esforço é o que o torna inteligente e talentoso. O sociólogo Benjamin Barber disse que não divide o mundo em sucessos e fracassos, mas em aprendizes e não aprendizes.

O que faz de você um não aprendiz? Um aspecto é o *desamparo aprendido*. As crianças pequenas não param quando estão aprendendo a andar. Elas não param de falar quando balbuciam pela primeira vez. Elas continuam. Quando nos conscientizamos, aprendemos que o esforço não vale a pena.

Quando minha filha Catherine tinha dez anos, inscrevi-a em um time feminino de softbol depois da escola. Ela não era a melhor jogadora do time, nem a pior, mas sempre reclamava de como era ruim em comparação às outras garotas. Ela não achava que tinha talento para ser uma boa jogadora. Eu ficava mostrando o quanto ela era boa em comparação às piores do time. Mas isso foi um erro. Eu só reforcei para Catherine que ela não tinha talento para ser a melhor. Então ela desistiu. E eu permiti.

As pessoas de mindset fixo encaram o esforço como uma prova do próprio talento. Aquelas com mindset de crescimento, como um trampolim para o próximo nível. As pessoas de mindset fixo falham por causa do pessimismo. *Eu sabia que não ia dar certo! Não acredito que perdi todo esse tempo! Eu poderia fazer outra coisa!*

Warren, um dos meus melhores amigos do tênis, jogou uma partida de duplas mistas com um jogador fraco e perdeu feio. Warren, um corretor de ações de uma grande empresa, é sempre cativante e engraçado. Mas, depois de perder naquele dia, ele disse: "Foram duas horas da minha vida que nunca voltarão." Falou em tom de piada, mas é um pensamento comum de pessoas de mindset fixo. Elas veem os contratempos como desperdício de esforço, e não como trampolim para o sucesso.

Aqui estão algumas declarações que definem se você é uma pessoa de mindset fixo ou de crescimento. Veja com quais concorda e de quais discorda.

1. Seu QI é definido e você não pode mudá-lo.
2. Você pode aprender novas habilidades, mas não pode mudar seu nível de talento.

3. Não importa qual seja seu QI ou talento, sempre é possível alterá-lo, o quanto quiser.
4. É possível alterar substancialmente seu QI.

Como respondeu a essas perguntas? Um "sim" às perguntas 1 e 2 indica um mindset fixo. Um "sim" às perguntas 3 e 4, um de crescimento. Você também pode ter uma mistura de mindsets, embora a maioria das pessoas se incline para um deles.

Pense em alguns de seus amigos com mindset fixo. Eles sempre se esforçam para provar seu valor e evitam cometer erros. Este é você? Você já foi assim?

Pense em alguém com mindset de crescimento. Esta pessoa acredita que talento e habilidade podem ser cultivados. Pense em como ela enfrenta contratempos e obstáculos. Ela acredita que pode superar qualquer obstáculo; encara os contratempos como oportunidades para se expandir. Tal pessoa é você? Como enfrenta obstáculos? Desiste ou os vê como desafios que o ajudarão a superar os próximos?

Um problema com as pessoas de mindset fixo é que, quando conseguem algo, tendem a se sentir superiores. Elas sentem que suas habilidades são melhores que as dos outros. Isso fomenta uma narrativa muito limitada, porque, quando a pessoa falha, a superioridade é posta em risco. Ela se culpa e arruma desculpas para desistir.

John McEnroe pode ter se encaixado nessa teoria de mindset fixo. Em seu livro *You Cannot Be Serious*, ele escreve que não gostava de aprender; não prosperava nos desafios. Segundo ele, não atingiu seu potencial. Mas acreditava em um talento pessoal enorme. O talento por si só o levou à posição de número um no mundo do tênis por quatro anos.

Como Ivan Lendl, outro grande tenista, McEnroe usava serragem para ter um melhor controle da raquete nos dias quentes. A serragem absorve mais o suor do que qualquer outra coisa durante uma partida. Mas, um dia, ele culpou a serragem pelo desempenho fraco. Foi até a lata de serragem e a derrubou com a raquete. Gritando com seu agente, Gary, ele disse: "Você chama isso de serragem? Está muito fina. Parece veneno de rato. Você não consegue fazer nada direito?" Gary saiu correndo e, 20 minutos depois, voltou com uma nova lata de serragem, mais grossa. Na verdade, Gary pagara US$20 a um funcionário do sindicato para moer um sarrafo.

George Herbert Walker Bush certa vez vomitou no primeiro-ministro japonês durante um jantar de Estado. Coincidentemente, John McEnroe fez o mesmo em uma senhora japonesa que o recebeu como anfitriã. A senhora, digna, fez uma reverência, pediu desculpas e presenteou-o no dia seguinte. Mas, com a superioridade de um mindset fixo, McEnroe disse: "É assim que é ser o número um."

Jim Marshall, ex-jogador defensivo do Minnesota Vikings, teve um dos jogos mais embaraçosos de sua vida. Contra o San Francisco 49ers, Marshall pegou um fumble e correu para um touchdown enquanto a multidão aplaudia. O problema era que ele estava correndo na direção errada e marcou para o time adversário. Para piorar, foi televisionado em rede nacional. Foi o jogo mais devastador de sua vida. Mas, com um verdadeiro mindset de crescimento, ele pensou: "Se cometer um erro, precisa corrigi-lo." Então percebeu que tinha uma escolha. Ele podia se entregar ao sofrimento ou fazer algo a respeito. Recompondo-se, jogou o melhor futebol de sua carreira durante o segundo tempo. O Minnesota Vikings venceu o jogo.

Todos nós gostamos de ouvir essas histórias de água para o vinho, do fracasso para o sucesso. Mas os aspectos que criam esses êxitos podem ser aplicados em nossas vidas. Com um mindset de crescimento, você é capaz de aprender a ter sucesso. Com um mindset fixo, fica preso em seu próprio fracasso.

Imagine-se diante de uma turma respondendo às perguntas de um professor. Você dá as respostas erradas. Se tem um mindset fixo, sua autoestima fica em risco. Seu prestígio e sua imagem ficam em risco. Você ficaria envergonhado? Sua autoconfiança seria atingida? Com um mindset de crescimento, responder às perguntas na frente de uma classe é diferente. Você não é o professor, é o aprendiz. Não tem que saber o que o professor sabe, deve cometer erros. É por isso que é estudante. Conforme é corrigido, observa os erros a serem aprendidos para ter um melhor desempenho no futuro. Qual dos dois é você? O aluno emocionalmente abatido ou o que aprende uma lição útil?

O MINDSET DUALISTA

Você deve estar pensando que seu mindset não é totalmente de crescimento nem fixo. Sou como você. Quando ocorre um revés nos negócios, começo a me preparar para uma desaceleração. Quando sou contratado para dar uma palestra na frente de milhares de pessoas, penso que me chamaram porque sou um dos melhores e mais espertos oradores dos EUA. As duas posturas estão erradas. Quando minha empresa sofre um revés, preciso perceber que posso recuperar o impulso reengajando-me com as pessoas com as quais já me conectei. Quando sou contratado para uma palestra importante, preciso perceber que é por causa do trabalho árduo e que a preparação para o discurso exigirá o mesmo esforço.

Vince Lombardi disse uma vez: "O sucesso nunca é para sempre, e o fracasso nunca é fatal." Ele disse: "A diferença está na coragem de arriscar." Esta é uma lição muito desafiadora de aprender: não se sentir arrogante quando tudo correr bem, nem limitado e deprimido quando as coisas derem errado. Um mindset de crescimento significa que você pode resolver um revés. Um mindset fixo significa que, se grandes coisas não acontecerem, você não é bom o suficiente. Embora possa ter uma mistura de mindsets agora, é possível substituir a fixa por uma atitude que promova o crescimento.

Um exemplo de mindset dualista é Bob Knight, o grande treinador de basquete dos Hoosier. Ele sabia ser incrivelmente gentil. Certa vez, deixou passar uma oportunidade lucrativa como locutor porque um ex-jogador havia se envolvido em um acidente. Knight ficou ao lado do jogador durante toda a recuperação. Quando treinou a equipe olímpica dos EUA, nos jogos de 1984, em Los Angeles, insistiu que o técnico de honra da equipe, Henry Iba, que ele acreditava nunca ter recebido o devido reconhecimento por suas realizações, fosse carregado pelos jogadores sobre os ombros.

Mas Knight tinha outro lado, o do mindset fixo. Como o autor John Feinstein escreveu em *A Season on the Brink: A year with Bob Knight and the Indiana Hoosiers* ["Uma Temporada no Limite: Um ano com Bob Knight e o Indiana Hoosiers", em tradução livre], Knight era incapaz de aceitar ou lidar com o fracasso. Toda derrota era pessoal, todo mundo existia para validar sua habilidade e toda perda era inaceitável. Em vez de crescer com um fracasso, ele se destruía. Se acreditasse que um jogador não tinha usado todo seu potencial, não lhe dava permissão de voltar à equipe: ele não era mais digno de respeito. Uma vez, depois que sua equipe chegou às semifinais de um torneio nacional, um entrevistador perguntou do que ele mais gostava na equipe. Ele disse: "O que eu mais gosto é que só preciso lhes assistir jogar mais um jogo!" Depois de anos presenciando jogadores sendo repreendidos, os treinadores assistentes alertavam para não darem ouvidos às depreciações de Knight. Eles diziam: "Ignore, ele não está falando sério."

As explosões de Knight eram lendárias. Certa vez, atirou uma cadeira do outro lado da quadra. Outra, tirou um jogador da quadra puxando-o pela camisa. Um dos piores momentos foi quando agarrou um jogador pelo pescoço. Pratiquei esportes no ensino médio e na faculdade. Um treinador de futebol que me chamou de idiota me devastou; um treinador de tênis da faculdade disse que eu nunca ganharia com minha devolução fraca. Comentários como esses me fizeram duvidar se o tênis era o esporte certo para mim. Bob Knight disse que seu objetivo era preparar os jogadores para os piores cenários.

Às vezes, esse sistema linha-dura funcionava. Knight tinha três times de campeonato. Em outras, não. Ao longo dos anos, alguns de seus jogadores foram transferidos. Eles matavam aulas e não iam às sessões de tutoria. Alguns, como Isaiah Thomas, optaram por se tornar profissionais logo cedo. O problema era que, embora Knight tivesse um mindset de crescimento sobre os jogadores, tinha um mindset fixo sobre si mesmo. Ele acreditava que os jogadores podiam melhorar, mas qualquer coisa que diminuísse sua capacidade, como uma derrota, era inaceitável.

Esse mindset dualista, que combina o fixo e o de crescimento, descreve muitos de nós. De certa forma, apoiamos nossos filhos e acreditamos que eles podem fazer qualquer coisa. Mas, se erram, é um reflexo de nós e de nossa criação ruim. Acreditamos que nossos funcionários ou colegas de trabalho têm um enorme potencial. Mas, quando erram, refletem nossa má administração, e repreendemos a pessoa sem pensar em desenvolvê-la para o futuro. Isso, novamente, é uma combinação do mindset fixo com o de crescimento. A melhor maneira de mudar é parar de limitar as pessoas e aproveitar todas as oportunidades para ajudá-las a crescer.

Como você lida com os próprios contratempos? Fica desanimado? Paralisado? Ou considera os impasses com a confiança de que pode se recuperar com muito esforço? Com um mindset fixo, os contratempos são vistos como uma indicação de falta de habilidade. Em um estudo psicológico, aqueles com um mindset fixo eram mais propensos a dizer que, se fossem mal em uma prova, mesmo sobre algo de que gostassem muito, estudariam menos no futuro e considerariam colar no seguinte. Quando uma pessoa com mindset fixo sofre um contratempo, ela acha que evidencia a limitação de suas habilidades. Com um mindset de crescimento, os alunos que se saem mal se comprometem a estudar mais para a prova seguinte. Você já ouviu que, quando as coisas ficam complicadas, os fortes vencem. Mas ninguém nunca lhe disse que isso se aplica exclusivamente àqueles que têm mindset de crescimento.

Em outro estudo psicológico, viu-se que os estudantes que sofreram reveses perderam o interesse e a confiança. À medida que a complexidade aumentava, o comprometimento e a alegria diminuíam. Como mencionei, com crianças de dez anos que receberam um quebra-cabeça, um aluno disse "Adoro um desafio", enquanto o outro, "Não sou bom nisso". Quem acha que teve melhor desempenho?

O que tudo isso significa é que as pessoas com mindset fixo preferem manter as aparências do que aprender a ser melhor. Elas temem o esforço quando a vitória não é certa. Abandonam as estratégias mais eficazes de trabalho árduo quando mais precisam.

Anos atrás, assisti ao filme *O Homem que Mudou o Jogo*. Ele apresentava um time de beisebol perdedor de Oakland A, dirigido pelo ex-jogador Billy Beane (interpretado por Brad Pitt). Beane se considerava um jogador nato. Mas, como muitos atletas profissionais, teve contratempos dos quais não conseguiu se recuperar. Ele disse que foi mimado por todos até se profissionalizar. Acreditava que sua habilidade, não o trabalho árduo, o levaria à fama. Felizmente, Beane se recuperou do mindset fixo e mudou para o de crescimento. Liderou sua equipe por muitas temporadas de vitórias quase recordes com um dos orçamentos mais baixos do beisebol.

A equipe tinha um guru da estatística que calculava a probabilidade de sucesso de cada arremessador com cada batedor, e a probabilidade de cada batedor chegar à base trapaceando. Alguns acabaram tendo mais bases e corridas do que os melhores. Este é um dos primeiros exemplos da teoria quântica (quantificação) no esporte.

Minha frase favorita do filme é a que Beane diz ao nerd da estatística para demitir um jogador. O nerd diz: "Como faço isso?" E Beane: "Como acha que deveria demiti-lo?" O nerd diz: "Acho que vou dizer o quanto apreciamos seu esforço, o quanto o valorizamos como jogador e como lamentamos que deixe o time." Billy Beane revira os olhos e diz: "Se você fosse levar um tiro, gostaria de cinco no peito ou um na cabeça?" Na cena seguinte, o nerd diz ao jogador descartado: "Substituímos você. Aqui está sua passagem de avião. Desejo-lhe felicidades." Ao que o jogador simplesmente diz: "Ok" e sai. Gosto muito dessa história porque achamos que as pessoas com quem trabalhamos são tão frágeis que não podem receber más notícias. Mas sempre acreditei que ser direto é sempre melhor do que dar voltas na questão.

MINDSET E POTENCIAL

Muitos olheiros de equipes profissionais procuram atletas com habilidades inatas. Eles procuram atletas que aparentem e se movam como estrelas. Se não se destacam, são ignorados. Ben Hogan, um dos maiores jogadores de golfe de todos os tempos, não tinha a graça de Bobby Jones. Cassius Clay (mais tarde, Muhammad Ali) não tinha o alcance, a expansão peitoral, o peso ou o tamanho de um lutador de boxe natural. Na verdade, as pessoas não lhe deram chance no seu épico combate de 1964 contra Sonny Liston. Liston era 7cm mais alto e tinha um alcance 10cm maior que o de Clay.

Quando o oitavo sino tocou, Clay foi para seu canto, prestes a desistir. Mas ele tinha uma arma secreta em seu agente, Angelo Dundee. Angelo disse: "Continue lutando, você está prestes a vencer." Mas Clay estava arruinado. Começara a retirar as luvas, mas Dundee o encorajou a lutar mais uma rodada. Disse que Liston estava cansado, desgastado e abatido, tudo o que Clay tinha que fazer era se levantar para lutar. Quando o sino tocou, Dundee pegou a cadeira que Clay estava sentado, puxou sua bermuda para cima e até lhe deu um pequeno empurrão para fazê-lo dar um passo à frente. Ao fazer isso, o lado de Liston jogou uma toalha no ringue. Ele desistira. Cassius Clay venceu a luta.

Sonny Liston deveria ter vencido aquela luta. Ele era fisicamente melhor. Era mais forte. Parecia um boxeador melhor. Mas, graças ao desejo de Clay e à coragem de Dundee, Muhammad Ali se tornou talvez o melhor lutador peso-pesado da história mundial.

SUCESSO IMPROVÁVEL

O running back Darren Sproles é outro bom exemplo. Ao jogar como halfback para o San Diego Chargers, ele bateu recordes. Quando jogou pelo New Orleans Saints, foi ainda melhor. Mas pode ser chocante o fato de que ele tem apenas 1,72m. Você imagina que tudo o que um defensor precisaria fazer era esticar o braço, e Sproles seria derrubado. Mas o que ele possui mais do que jogadores muito maiores é desejo, ética no trabalho e velocidade. Sua agilidade e sua habilidade de atravessar brechas ofensivas fizeram dele um dos melhores running backs da liga.

Em suma, a visão que você tem de si mesmo afeta drasticamente a maneira como conduz sua vida. Seu mindset determina se você se torna a pessoa que deseja ser e realiza tudo o que almeja.

3

Como Criar um Mindset Focado em Resultados

Quando eu estava na faculdade, a psicologia cognitiva era um campo fértil de estudos. Uma metáfora usada para entendê-la era o código computacional. Cada código é criado com um resultado em mente. O programa final resulta da criação de milhares de linhas de código, que fazem um computador funcionar. O mindset funciona da mesma maneira. Seu mindset é composto de milhões de linhas de código que você criou. O comportamento que ele produz, por sua vez, cria os resultados que você vivencia.

Neste ponto, explicamos o que é mindset e discutimos por que é fundamental desenvolver o mindset extrovertido em vez do introvertido. Falamos sobre a criação de comportamentos pelo mindset e como os comportamentos, por sua vez, criam hábitos. Também falamos sobre como suas crenças e valores influenciam seu mindset e atitude. Mas você está lendo este livro porque deseja melhorar seus resultados ao adquirir um mindset mais construtivo, extrovertido e focado em crescimento. Em outras palavras, você quer mudar.

Admito que nunca acreditei que as pessoas mudassem. Durante minhas palestras, passo cerca de 20 minutos falando sobre o fato de que as pessoas não mudam. Dos norte-americanos que se casaram este ano, 62% se divorciarão em dez anos. E quanto ao segundo casamento? Você acha que o percentual é maior ou menor? Sim, é muito mais alto. A taxa de divórcio para segundos casamentos é de 78% em dez anos. (Nas palestras, digo em tom de brincadeira: "A taxa é tão alta porque você levou a si mesmo ao segundo casamento!") Mas e no terceiro casamento? As taxas de divórcio caem para 36% em dez anos. Provavelmente porque as pessoas percebem que estragaram dois casamentos, então se esforçam para evitar problemas no terceiro.

A reincidência na prisão é de 83% em cinco anos após sair dela. Não acho que seja porque a comida é tão boa e os esportes tão divertidos que os presidiários mal podem esperar para voltar. Acho que é porque as pessoas têm resistência a mudar. Eu poderia continuar por horas nisso, mas basta dizer que sua personalidade, valores, ética e até como pensa estão formados quando você completa sete anos. O grande psicólogo do desenvolvimento Jean Piaget disse uma vez que a personalidade é criada e completada entre dois e sete anos.

Mas não desanime. Embora eu acredite que seja um grande desafio para as pessoas mudar de mindset, elas *podem* aprender. E, quanto mais você praticar o que aprender, mais será capaz de desenvolver um mindset melhor.

O mindset que combina os aspectos extrovertidos e orientados para o crescimento, e que lhe atenderá melhor, é o focado em resultados. Tornar-se consciente e saber como suas decisões afetam os outros é importante. Você não pode manter um mindset saudável e produtivo se desconsiderar os outros. Ao mesmo tempo, um mindset focado em crescimento mantém sua motivação e lhe permite acreditar que tudo é possível, desde que se dedique o bastante. Estar focado em crescimento o ajudará a gerar otimismo e o lembrará que seus genes e talentos são responsáveis por uma parte muito pequena do seu sucesso.

O mindset focado em resultados é uma combinação do de crescimento e do extrovertido. Ele lhe possibilitará manter um resultado final em mente. Também o ajudará a permanecer otimista quando ocorrerem contratempos, mantendo sua motivação, apesar do desânimo. O mindset focado em resultados não apenas o ajuda a aprender com os erros, como o de crescimento por si só, mas a aplicar essas lições em prol de uma meta.

Anos atrás, falei em um roadshow no setor de serviços financeiros. O discurso foi em Manchester, New Hampshire. Fechei uma parceria com a empresa organizadora do seminário e perguntei à atacadista se um de meus clientes locais poderia comparecer. Mas a convidada era uma concorrente e tentou, indevidamente, recrutar o participante do qual era próxima. Eu só soube da infração no mês seguinte, em outro seminário, em Boston. A atacadista me acusou de levar meu convidado para roubar seus negócios. Eu disse que era uma acusação ultrajante, pois fazia mais de 50 seminários por ano para a empresa. Por que eu arriscaria uma relação dessas? Mas ela não recuava, e percebi que atestar minha inocência seria ainda mais arriscado. Perguntei o que eu poderia fazer para reconstruir a confiança. Decidimos que eu renunciaria ao pagamento daquela única palestra em Boston, para que passássemos por cima da situação.

Um mês depois, outro atacadista da mesma empresa me ligou de Chicago e cancelou minhas três palestras com ele. A atacadista de Boston, em uma teleconferência nacional da empresa, me acusara de sabotar seus negócios. Foi por essa atacadista que renunciei a meu pagamento, a mesma que dissera que o problema fora resolvido depois que palestrei de graça para ela.

A fraude era óbvia. A infração foi deletéria. Com um mindset fixo, apenas a culpa me faria sentir melhor. Com um mindset de crescimento, eu simplesmente trabalharia mais. Mas, com um mindset focado em resultados, o revés apenas me levou a ser mais criativo em contornar essa empresa, que havia me proporcionado muitos negócios, e me levou a uma nova direção para atingir meus objetivos naquele ano. Desde então, aprendi a nunca depender de uma empresa ou setor para a maior parte dos negócios. Também aprendi a ter mais cuidado ao permitir a presença de convidados e antecipar qualquer conflito que um deles possa criar.

Todos já fomos prejudicados ou menosprezados. Mas, com um mindset focado em resultados, tiramos lições dessas situações para alcançar nossos objetivos com mais eficiência. Todos podemos aprender a ser mais produtivos. Como? Ao adquirir sabedoria. Como se adquire sabedoria? Aprendendo com seus erros. Como se aprende com os erros? Cometendo-os.

REFORMULANDO SEU MINDSET

Uma técnica para desenvolver o mindset focado em resultados se chama *reformulação*. Como escrevi em meus livros *Willpower: The secrets of self discipline* ["Força de Vontade: Os segredos da autodisciplina", em tradução livre] e *Mastering Self-Confidence with NLP* ["Dominando a Autoconfiança com PNL", em tradução livre], há coisas específicas que você pode começar a fazer agora para desenvolver um mindset mais eficaz.

A reformulação funciona como uma moldura. Uma moldura ruim arruína qualquer pintura, assim como uma moldura bonita embeleza uma pintura medíocre. Em alguns casos, o quadro pode se destacar mais do que a própria imagem. A reformulação se baseia no conceito de que não há acontecimentos bons ou ruins; apenas sua percepção.

Uma das minhas histórias favoritas sobre a percepção dos resultados é do filme *Jogos de Poder*. A história conta como o já exausto congressista Charlie Wilson (interpretado por Tom Hanks) conseguiu ajudar os guerreiros afegãos mujahedeen a derrotar os soviéticos na década de 1980, durante o governo Reagan. (Isso também acarretou o início do movimento terrorista da Al-Qaeda, mas essa é outra história.)

Um oficial da CIA, interpretado pelo falecido Philip Seymour Hoffman, adverte Wilson para não cantar vitória antes da hora. Para explicar isso, ele conta a história de um mestre zen que observa as pessoas de sua aldeia comemorando o novo cavalo de um menino como um presente maravilhoso. "Veremos", diz o mestre zen. Quando o garoto cai do cavalo e quebra uma perna, todo mundo diz que o cavalo é uma maldição. "Veremos", diz o mestre. Então a guerra começa, o garoto não pode ser recrutado por causa de sua lesão, e todo mundo diz que o cavalo foi um presente de sorte. "Veremos", diz o mestre novamente. A moral da história é que você pode reformular sua percepção dos desdobramentos. Você pode mudar seu mindset. Você pode alterar seus resultados.

A reformulação não é exatamente uma visualização. É mais um repensar ou reestruturar suas ideias sobre um conceito. Por exemplo, se decidir ir trabalhar às 7h, sua primeira inclinação será pensar: "Se eu entrar cedo, ficarei cansado." Para reformular essa ideia, pode pensar: "Se eu entrar às 7h, trabalharei duas horas extras sem interrupção, o que me ajudará a alcançar meus objetivos com mais eficiência."

Conheci um piloto de avião cuja moldura emocional era sua carreira. Ele conectava tudo com voar ou análogos. Se visse um noticiário sobre Paris, falaria sobre uma viagem recente até lá. Se falássemos de comida, mencionaria a culinária das companhias aéreas.

A maioria das pessoas não estrutura seus pensamentos nessa extensão, mas todos vemos a vida de uma maneira que nos limita ou nos capacita. Embora meu amigo visse suas experiências por meio do filtro da aviação, certamente isso servia ao seu objetivo de ser um piloto de sucesso. A maneira como ele emoldurava o mundo tornava agradável o esforço de seu trabalho, porque ele via o mundo inteiro como uma extensão de voar.

Você pode usar a reformulação para desenvolver um mindset focado em resultados. O segredo para fazê-lo é associar experiências positivas a suas metas e objetivos e desconsiderar os obstáculos, ou pelo menos vê-los como oportunidades para aprender e se superar. Quando fizer isso, terá muito mais controle sobre sua vida.

REFORMULAÇÃO DO CONTEXTO E DO CONTEÚDO

Dois tipos de reformulação que mudarão sua postura dos aspectos negativos para os positivos de um novo mindset são a *reformulação do contexto* e a *reformulação do conteúdo*.

Reformulação do Contexto

A reformulação do contexto se refere à sua capacidade de enfrentar uma situação negativa e encará-la como positiva em outro contexto. Por exemplo, digamos que seu voo esteja atrasado quatro horas por causa do clima. Você pode ficar irritado, como a maioria, ou trabalhar por quatro horas sem interrupção. Com um mindset fixo, você amaldiçoaria a companhia aérea. Com um focado em resultados, aproveita a chance de usar o tempo extra de forma produtiva.

Há pouco tempo, fiquei preso no aeroporto de Newark, que tem o maior número de atrasos dos EUA. Os passageiros ficaram irados quando um voo da United Airlines foi cancelado. Em vez de ficar com raiva, sentei-me ao lado de uma tomada e comecei a trabalhar neste livro. Na verdade, fiquei muito feliz por ter tido tempo de fazer isso. (Uma reportagem recente do BizTravel mostrou que apenas 15% dos passageiros aproveitam as viagens para trabalhar ou fazer algo relevante. A maioria dorme ou olha para o nada.)

Escrevi quatro livros em aviões. Eu não teria conseguido isso se todos os meus voos estivessem dentro do horário, nem se eu não tivesse aproveitado o tempo extra. Mesmo assim, reformular é mais do que transformar limões em limonada. É pensar em suas experiências como desafios e transformá-las em benefícios.

Em dado momento, a 3M Corporation teve problemas com a durabilidade de um de seus adesivos. O objetivo da empresa era vender mais, mas o defeito causou uma queda nas vendas. Embora o adesivo não tenha sido eficaz para a colagem permanente de materiais, colava-os temporariamente. Um pesquisador usou a reformulação e colocou um pouco do adesivo na parte de trás de um pedaço de papel para fazê-lo grudar em praticamente qualquer superfície. Havia uma aplicação para esse tipo de adesivo? Você adivinhou — nasceram os post-its.

Aqui está outro exemplo de reformulação do contexto:

Era uma vez, um fazendeiro que possuía uma velha mula. A mula caiu no poço do fazendeiro. O fazendeiro ouviu a mula zurrando; mas, depois de avaliar a situação, decidiu que nem a mula nem o poço valiam o esforço de salvá-los. Em vez disso, reuniu os vizinhos, contou-lhes o que havia acontecido e os alistou para ajudar a transportar terra para enterrar a velha mula no poço e livrá-la de seu sofrimento.

No começo, a velha mula estava histérica. Mas, enquanto o fazendeiro e seus vizinhos trabalhavam com pá, e a terra batia em suas costas, um pensamento lhe ocorreu. Toda vez que a pá jogava terra em suas costas, ela passou a sacudi-la e a se aproximar da superfície. Várias vezes. Sacudia e subia... Sacudia e subia... Sacudia e subia...

Por mais angustiante que parecesse a situação, a velha mula lutou contra o pânico e continuou sacudindo a terra e subindo. Não demorou muito para que a mula velha, exausta e destruída, pisasse triunfantemente na borda do poço. O que parecia que a enterraria a abençoara, tudo por causa da forma como lidou com a adversidade.

Reformulação do Conteúdo

O segundo tipo, a reformulação do conteúdo, é o ato mental de mudar o que um acontecimento significa para você. Por exemplo, um cristão não vê a morte como o fim da vida, mas como um recomeço no reino dos céus.

Para um exemplo mais prático, considere um empresário que acabou de falir vendendo commodities em Chicago. Ele agora tem um negócio de sucesso que consiste em várias movimentadas lojas de cachorro-quente. Ele descreve seu primeiro fracasso comercial como uma educação intensa na administração de negócios.

Pense em um projeto que você está adiando. Talvez seja algo como consertar um móvel. É possível considerar o trabalho como uma redução do tempo que passaria assistindo a esportes na TV, ou escolher fazê-lo enquanto ouve o jogo no rádio, tornando a experiência mais proveitosa do que se ficasse assistindo à TV.

Essa técnica funciona. Você só precisa alterar a imagem negativa de trabalhar com móveis para uma em que se diverte. Você pode até reformular a imagem para incluir toda a sua família ajudando e contando piadas. Quando fizer isso, sua atitude em relação à temida experiência *mudará*.

Se essa técnica parecer muito reducionista, pense na última vez que cuidou do jardim ou fez outra tarefa doméstica que estava adiando. Depois de evitá-la por muito tempo, quando finalmente encarou a missão, você não percebeu que a experiência não era tão ruim assim?

Meu amigo, o comentarista esportivo Terry Bradshaw, teve seu momento de palestrante motivacional. Ele levou o que aprendeu na área e nas palestras para o balcão de esportes da TV e reformulou sua atitude e imagem de uma maneira que o capacitou a atingir seus objetivos. Ele sabia que não era tão articulado quanto o grande jogador de basquete John Wooden, nem tinha a eloquência natural do meu cliente Fran Tarkenton, o quarterback do Minnesota que entrou no Hall da Fama da NFL, ou mesmo a atenção aos detalhes do quarterback do Washington Redskins Joe Thiesman, mas tinha um entusiasmo desmedido. Então, desenvolveu seu talento para falar de um jeito entusiasmado, de forma que contagiasse o público.

A diferença entre reformular e apenas ser positivo é a frequência dos novos pensamentos. Se substituir antigas memórias negativas por novas perspectivas positivas, impedirá que acontecimentos passados limitem seu sucesso futuro. Em consequência, isso o ajudará a mudar seu mindset.

REFORMULANDO EMOÇÕES, COMPORTAMENTOS E MEMÓRIAS

É até possível reformular emoções, comportamentos e memórias. Essa técnica é baseada na programação neurolinguística (PNL), desenvolvida pelos pesquisadores John Grinder e Richard Bandler. A teoria diz que seu inconsciente controla a forma como você vivencia e percebe as memórias passadas e os eventos atuais. Em consequência, controla todos os tipos de comportamentos habituais, o que o libera para pensar em coisas mais importantes e urgentes. Por exemplo, você não pensa conscientemente em frear seu carro quando chega a um sinal vermelho, mas, mesmo assim, freia. O fato de fazer isso inconscientemente o libera para pensar conscientemente no ambiente, nas pessoas ou nas conversas ao redor.

No entanto, esses hábitos inconscientes podem nem sempre ser bons para você. Em alguns casos, como quando se propõe a fazer uma dieta, seu mindset se torna introvertido e negativo. Há alguns anos, conversei com uma mulher que tinha problemas para perder peso. Ela testava todas as dietas imagináveis, e, ainda assim, nada funcionava. Depois de várias conversas, soube que fora estuprada na adolescência. Ela ainda lutava contra aquelas memórias, bem como contra a baixa autoestima que tinha desde então. Ela era atraente, mas não era fácil alterar a imagem negativa de si depois de 25 anos. Por causa da baixa autoestima, ela achava impossível perder peso. O sobrepeso reforçava sua baixa autoestima. Ser magra violava a forma como se via, por isso não conseguia perder peso.

Como essa mulher, precisamos descobrir como influenciar nosso inconsciente para que ele viabilize nossos objetivos. Para fazer isso, primeiro precisamos saber como você processa as informações.

A PNL defende que, basicamente, as pessoas percebem o mundo de uma destas três maneiras: por imagens, sons ou sentimentos/sensações.

Pessoas visuais interpretam o mundo criando ou se lembrando de imagens em suas mentes. Se não conseguirem fazer uma imagem mental do que você lhes disser, elas podem ter problemas para entender claramente suas ideias.

Pessoas auditivas, em grande parte, tomam decisões com base no que escutam. Elas interpretam o que ouvem e costumam conversar sozinhas para entender uma mensagem.

Pessoas sinestésicas tendem a reagir de forma visceral. Elas têm sensações físicas ao conversar com as outras, podem sentir calor ou frio em resposta a uma ideia após alguns minutos de interação. Muitas pessoas chamam isso de *intuição*.

Se você soubesse com qual sistema percebe o mundo, conseguiria mudar seu mindset? Pode apostar que sim. A abordagem a seguir se concentra no seu modo de pensamento inconsciente para que você reformule suas emoções, comportamentos e memórias, a fim de que colaborem com o mindset focado em resultados.

Esta é a abordagem de quatro etapas para reformular emoções, comportamentos e memórias. Ao segui-las, melhorará seu mindset.

1. Identifique o padrão de comportamento ou pensamento que gostaria de mudar. Por exemplo, muitos atletas pensam em termos visuais. Muitos de meus colegas de tênis dizem que escolhem um ponto da quadra para atingir. Então eles visualizam o ponto em suas mentes quando batem na bola.

   Se quiser acertar um saque de maneira diferente, imagine o spin da bola depois que acertá-la, em vez de se concentrar na mecânica de segurar a raquete. Uma maneira de usar a visualização é no saque slice do tênis (ou seja, um golpe com sidespin). Você pode imaginar a raquete raspando a lateral da bola. Pode imaginar a bola de tênis sendo descascada como uma laranja pela sua raquete. Também pode imaginar a bola desviando para a lateral ao chegar do outro lado da quadra. Isso lhe dá uma imagem mental muito poderosa no tênis. Mas também é um exemplo de como usar a visualização em qualquer outra tarefa que deseje realizar.

   Em 1977, tive que me esforçar muito em um torneio profissional em Linz, na Áustria. Eu só tinha competido em quadras de saibro por poucos meses e ainda tinha problemas para me mover na superfície instável. Meus saques não tinham o mesmo alcance e velocidade que tinham nas quadras firmes com que eu estava acostumado. A superfície de saibro reduzia a velocidade da bola. Quanto mais eu me esforçava para acertá-la, mais erros cometia. Perdi cinco games seguidos e fiquei desesperado.

Acabara de terminar um livro de Tim Gallwey, *The Inner Game of Tennis* ["O Jogo Interno do Tênis", em tradução livre]. Ele era o mestre zen do tênis. Seu método de ensino — um precursor da PNL — era centrado no foco; não na forma de bater na bola, mas no resultado. Essa técnica era diferente de todo método de aprendizado até então conhecido. Eu estava desesperado e pronto para qualquer coisa. Afinal, se continuasse cometendo os mesmos erros, perderia a partida.

Escolhi uma pedrinha na superfície de saibro onde queria que meu saque chegasse e mandei bala. A bola quicou a centímetros do alvo e dei um ace no campeão nacional alemão, meu oponente naquele dia. Meu próximo saque foi um slice que quicou tão alto que pegou meu oponente desprevenido.

O resultado: minha técnica de jogo melhorou no ato, e ganhei a partida. Isso aconteceu porque me concentrei mais no resultado e no objetivo do que no método para alcançá-los. Os métodos são sempre importantes; mas, às vezes, ficamos tão presos à técnica e ao processo que nos detemos.

2. Use sinais do seu inconsciente para determinar a razão adjacente do comportamento indesejado e mudar um padrão de hábitos. (A maioria dos nossos comportamentos e pensamentos habituais é inconsciente.) A maneira de fazer isso é deixar sua mente em branco e, em seguida, fazer uma pergunta de resposta "sim" ou "não". Perceba a diferença entre o motivo adjacente do comportamento e ele próprio. Mais uma vez, use sinais inconscientes que sejam respondidos com "sim" ou "não".

Identifique um comportamento novo e desejável que esteja mais alinhado com seus objetivos. Use seu inconsciente para viabilizá-lo, guiando-o com perguntas "sim" ou "não".

Determine se o novo comportamento se alinha com quem você é, sem conflitos internos. Mais uma vez, use as perguntas "sim" e "não" como diretrizes. Por exemplo, digamos que a mulher do exemplo anterior tenha continuado a se esforçar para perder peso, mas seu inconsciente não viabilizava esse objetivo. Usando o primeiro passo, ela identificaria seus hábitos alimentares como o comportamento que quer mudar. Ser mais magra seria o objetivo com o qual se comprometeria conscientemente.

O próximo passo no processo seria receber um sinal do seu inconsciente sobre esse objetivo. Novamente, o segredo para atingir seu inconsciente é pensar em perguntas com respostas "sim" ou "não". Limpe sua mente e faça essas perguntas ao seu inconsciente. As respostas, negativas ou positivas, não aparecerão em palavras. Serão imagens e sentimentos, ou até sons.

Isso ocorre porque alguns dos sinais mais comuns que nosso inconsciente nos envia são baseados em nosso modo de pensamento dominante. Se o seu modo principal for visual, repare em sinais como imagens em sua mente. Essas imagens são escuras, claras ou pequenas? A maneira como seu inconsciente sinaliza é alterando-as. As imagens podem diminuir, sinalizando "não"; ou ficarem mais brilhantes, sinalizando "sim". Algumas pessoas até veem um "sim" piscante na imagem mental como resposta a uma pergunta.

Se quer perder peso, consegue se imaginar magro? A imagem é agradável? A imagem de um corpo magro é brilhante e grande, ou fraca e pequena? Se for escura e pequena, seu inconsciente não está viabilizando seu projeto de perda de peso.

Se seu modo dominante for auditivo, esteja atento a ruídos, como toques ou outros sons, que se tornam mais altos ou mais baixos quando há oposição. Você consegue ouvir as pessoas dizendo como você está magra? Ou ouve deboche porque está magra demais? Se seu modo principal é o sinestésico, observe as sensações físicas. É possível perceber que seus dedos ficam dormentes ou que suas pernas se esquentam em resposta às perguntas que faz. Também pode ter pressentimentos. Você se sente calorosamente empolgado por ser magro ou tem medo ao contemplar o trabalho necessário para perder peso? Todos esses sinais são comuns, mas você pode sentir os outros. Fique atento a qualquer sinal que seu inconsciente dê com as respostas "sim" ou "não" às perguntas.

Talvez você ache tolo prestar atenção a seu modo de pensamento dominante ao avaliar seus objetivos. Mas faz isso o tempo todo. Tem um pressentimento antes de comprar algo; ouve uma voz em sua cabeça dizendo que algo pode dar errado; visualiza problemas ou fica animado com oportunidades futuras. Com a técnica que descrevo, estamos usando a PNL apenas para explorar os processos que já são usados.

Entrar no seu inconsciente é essencial para descobrir o motivo adjacente dos comportamentos indesejados. Faça perguntas e observe as respostas oriundas do modo dominante pelo qual seu corpo reage. A mulher que queria perder peso descobriu que havia um ganho secundário em estar acima do peso — menos atenção dos homens. Ao fazer perguntas a si mesma, descobriu que seu inconsciente resistia à perda de peso porque estar fora dos padrões aliviava a pressão de um namoro.

Para que seu inconsciente pare de proteger seus ganhos secundários, você precisa perceber o que ele está fazendo. Então precisa perguntar se existem outras maneiras de se proteger da ameaça percebida, diferentes do comportamento indesejado. Mais uma vez, use uma série de perguntas "sim" ou "não" para descobrir alternativas.

No caso da mulher com sobrepeso, ela poderia ter perguntado a seu inconsciente se poderia se proteger das pressões de um namoro, decidindo não sair com ninguém por um certo tempo. Outra pergunta que poderia ter feito era se o namoro era algo realmente tão ameaçador. Faça do seu jeito. Essas perguntas ocorrem em uma espécie de fluxo de consciência, no qual uma pergunta leva à outra.

Lembre-se, porém, de que, de tempos em tempos, todos nós temos ganhos secundários em não mudar nosso mindset. Meu atraso em praticar trompete aos 12 anos surgiu da minha aversão ao instrumento. Em consequência, eu chegava atrasado às aulas e praticava pouco, mas nunca cheguei tarde aos treinos de beisebol ou de tênis.

Da mesma forma, a procrastinação de voltar para a faculdade pode refletir o desejo inconsciente de não deixar seu emprego de garçonete ou barman. Talvez você goste do trabalho, mesmo que não ganhe dinheiro suficiente. A verdade é que você não procrastina para fazer o que ama. Se pensa que deseja o objetivo, mas ainda procrastina, precisa envolver seu inconsciente para descobrir o porquê.

Certa vez, li um relatório sobre um jogador profissional de golfe que, 10 anos antes, havia sido classificado entre os 20 melhores do mundo. Ele não venceu um torneio nesse ínterim de 10 anos e achava que tinha "perdido o jeito", com uma tendência de acertar a bola com um empurrão, não com o swing. É como pensar em ter mais cuidado com a porcelana cara e depois quebrá-la por nervoso.

O entrevistador fez algumas perguntas sobre a família do profissional e descobriu que sua esposa não o apoiava. Ela queria que ele aceitasse um emprego como profissional de um clube de campo local. Ele se sentia culpado pelas viagens, longe da família, então tinha problemas para se comprometer com o objetivo desafiador de voltar aos 20 primeiros.

3. Crie um comportamento alinhado com seus objetivos. Mais uma vez, vamos usar o exemplo da mulher que queria perder peso. Ela descobriu, por meio de seu inconsciente, que tinha um ganho secundário fazendo o oposto (o que a salvava da pressão de um namoro). Uma solução era mudar quanto peso objetivava perder — digamos, 5kg, em vez de 15kg. Dessa maneira, seu comportamento ainda mudaria, seus objetivos ainda seriam alcançados e seu inconsciente teria tempo de se adaptar. Assim, ela seria mais capaz de suportar uma perda adicional de peso no futuro, se assim o desejasse.

4. Verifique se o novo comportamento está alinhado com seus objetivos inconscientes. A mulher que queria perder peso vivenciou uma noção de sua nova autoconfiança no contexto de: "É isso mesmo o que eu quero, consciente e inconscientemente?" Enquanto verificava seu inconsciente usando perguntas "sim" ou "não", comprometeu-se a descobrir novas maneiras e técnicas para mudar seu peso e mantê-lo. Ela então usou os sinais inconscientes que tinha acessado para fazer seu inconsciente assumir o objetivo de perder peso. Depois de ter feito tudo isso, estava pronta para trabalhar em prol de seu objetivo, ainda que aos poucos.

Quando você usa as técnicas de visualização e reformulação, a autoconfiança pode ser como a lâmpada do Aladdin — garantir praticamente qualquer coisa que desejar. Tudo que precisa fazer é saber como esfregá-la. Como diz o velho ditado: tenha cuidado com o que deseja. Você pode conseguir!

TAREFAS

- Olhe para uma pessoa perto de você e depois desvie o olhar. Descreva-a verbalmente ou por escrito, sem olhar novamente. Seja o mais detalhista possível. Então, olhe para ela e compare sua lista com a aparência da pessoa. Ao praticar essa atividade, você aprimorará sua visualização.

- Pense em uma experiência agradável. Visualize-a em sua mente. Observe a vivacidade das imagens. Agora, aumente a intensidade da cor, proximidade e brilho. Você se sente ainda mais feliz e mais animado?

- Imagine uma experiência ruim, digamos, ficar deprimido por causa de um revés, e diminua a nitidez para evitar uma resposta de mindset fixo. Crie uma imagem mais escura dessa experiência. Visualize-a a distância, em preto e branco, sem brilho e desfocada. Faça isso até que reduza os sentimentos ruins que atribui a esse acontecimento. A alteração na imagem o ajuda a pensar nele apenas como um contratempo com o qual você pode aprender?

- Pense em uma meta na qual quer trabalhar e, conforme o caso, use a reformulação do conteúdo e a do contexto, como já descrito, para reformular seu mindset a fim de alcançá-la. Com a reformulação do conteúdo, é possível alterar o que uma meta significa para você. Usando a reformulação de contexto, pode intensificar os aspectos positivos da meta ou diminuir os negativos.

- Use a técnica de quatro etapas para reformular emoções, comportamentos e memórias, e comprometer-se com a meta que identificou na atividade anterior.

4

Emoldurando Seu Mindset Focado em Resultados

Durante uma batalha importante, um general japonês decidiu atacar, mesmo que seu exército estivesse em menor número. Ele estava confiante de que venceria, mas seus homens estavam cheios de dúvidas. No caminho para a batalha, o exército parou em um santuário religioso. Depois de orar com seus homens, o general pegou uma moeda e disse: "Vou jogar esta moeda. Se sair cara, venceremos. Se sair coroa, perderemos. O destino agora se revelará."

Ele jogou a moeda no ar e todos assistiram atentamente enquanto ela voltava. Saiu cara. Os soldados ficaram tão felizes e cheios de confiança que atacaram vigorosamente o inimigo e saíram vitoriosos.

Após a batalha, um tenente comentou com o general: "Ninguém pode mudar o destino."

"Isso mesmo", respondeu o general, mostrando ao tenente a moeda, que tinha duas caras.

> *Alguns anos atrás, uma família de Nova Jersey voltava para casa após visitar parentes fora do estado. Quando se aproximaram da fronteira, eles ficaram chocados com o que viram. Na estrada havia uma placa que dizia: "O Estado de Nova Jersey está fechado." Para piorar as coisas, um policial estava ao lado da placa, aparentemente reforçando o fechamento. Quando a mãe e o pai saíram do carro, ficaram olhando a placa durante muito tempo, imaginando quando o estado seria reaberto. Quando finalmente perguntaram ao policial quando poderiam entrar, Allen Funt, o produtor do Candid Camera, apareceu, explicando que era uma pegadinha.*

Você travaria uma batalha desafiante mesmo que as probabilidades estivessem contra sua vitória? Se acreditasse que venceria, sim. Seria enganado por algo tão bobo quanto seu estado fechado? A resposta é a mesma: se acreditasse, sim, não importa quão ridículo fosse após refletir. Como Júlio César disse, mais de 2 mil anos atrás: "Os homens acreditam de boa vontade no que desejam."

Infelizmente, alguns de nós acreditam quando não deveriam, como o papagaio desta piada.

> *Era uma vez, um mágico trabalhando em um navio de cruzeiro no Caribe. O público mudava toda semana, então o mágico fazia sempre os mesmos truques.*
>
> *Havia apenas um problema: o papagaio do capitão assistia aos shows toda semana e já estava descobrindo o que o mágico fazia em todos os truques. Quando percebeu isso, ele começou a gritar no meio dos shows: "Olha, não é o mesmo chapéu!" "Olha, ele está escondendo as flores debaixo da mesa!" "Ei, por que todas as cartas são o ás de espadas?"*
>
> *O mágico ficou furioso, mas não podia fazer nada em relação ao papagaio; afinal, ele pertencia ao capitão. Um dia,*

o navio sofreu um acidente e afundou. O mágico se viu em um pedaço de madeira no meio do oceano, com o papagaio ao lado. Eles se entreolharam com ódio, mas nenhum deles pronunciou uma palavra. Isso continuou por vários dias. Depois de uma semana, o papagaio finalmente disse: "Ok, desisto. O que você fez com o barco?"

Como essa história mostra, as crenças não têm nada a ver com a realidade. Em vez disso, funcionam como o ditado: "Se você acredita que pode ou não fazer algo, está certo."

Isso é uma coisa boa, pois significa que podemos mudar ou adaptar nossas crenças a qualquer momento para viabilizar a autoconfiança necessária para atingir nossos objetivos.

Há pouco tempo, fiz uma turnê pela nação insular de Singapura durante o festival religioso de Thaipusam. É uma celebração hindu na qual os fiéis dão graças e expiam suas transgressões espirituais. Durante a cerimônia, observei os fiéis de praticamente todas as esferas da vida perfurando sua pele ao colocar varas longas e finas na boca e depois atravessando-as pelas bochechas. O fato surpreendente foi que ninguém sangrou. Esse é apenas um exemplo da força que a crença tem em nossas vidas, uma força que, aparentemente, até controla as funções corporais, como sangrar quando se fere.

Pense no que todos nós poderíamos realizar se aproveitássemos nossas crenças nessa proporção. Você poderia melhorar seu mindset? Se tivesse esse tipo de controle, mudar seu mindset para atingir seus objetivos seria algo instantâneo. É o tipo de crença de um garoto de um time de beisebol da Little League. Quando questionado por um recém-chegado ao jogo sobre qual era o placar, respondeu com um sorriso: "Estamos perdendo de 14 a 0." "Sério?", retrucou o recém-chegado, "Você não parece muito desanimado". "Desanimado?", perguntou o garoto com um olhar confuso no rosto. "Por que devemos desanimar? Ainda não terminamos."

Já discuti sobre como visualizar o sucesso afeta nosso comportamento. Afinal, as imagens alimentam nossas crenças, bem como a dúvida as abala. Existe dúvida quando a fé em uma crença é insuficiente, mas existe crença quando se firma o compromisso de aceitar algo que nem sempre é possível.

Suas crenças influenciam seu mindset. Mas é importante perceber que a dúvida também é um tipo de crença. Para ilustrar esse ponto, pense em uma de suas crenças muito fortes. Pode ser religiosa, ética ou mesmo relacionada à maneira como você faz negócios. Faça uma imagem visual dessa crença e do que ela fez por você no passado. Você deve se lembrar de algo pelo qual orou e que aconteceu, ou de uma situação em que a ética valeu a pena. Talvez seja sua forte crença no conceito de liberdade, simbolizada pela Estátua da Liberdade, ou sua crença de que coisas boas acontecem para quem espera. Isso pode ser simbolizado pela imagem de, digamos, sua avó, que sofreu com a morte acidental do homem abusivo com quem se casara aos 19 anos, mas depois conheceu e se casou com o homem amoroso e solidário que se tornou seu avô.

Agora, imagine algo de que duvida — algo que pode ou não ser verdadeiro. Você pode pensar em seres extraterrestres e representá-los em sua mente com a imagem de um disco voador. Ou em seu desejo secreto de ser o chefe de seu departamento no trabalho, o que pode parecer muito improvável no momento. Você poderia imaginar um escritório grande e ensolarado com uma mesa de cerejeira.

Agora, observe as diferenças visuais nas figuras que representam sua crença e sua dúvida. Você provavelmente vê a imagem da crença como grande, detalhada, brilhante e colorida, enquanto a imagem do que duvida é provavelmente muito menor, mais confusa, talvez apenas em preto e branco.

Se prestar atenção aos seus processos emocionais e físicos, perceberá que, quando visualiza uma crença importante, respira lenta e profundamente. Suas mãos podem ficar mais quentes à medida que o fluxo sanguíneo aumenta em seu corpo. Quando pensa nas dúvidas, fica estressado. Sua respiração se torna superficial, e suas mãos ficam frias e úmidas.

É por isso que as pessoas que acreditam em algo são muito mais corajosas do que aquelas que duvidam. Crenças fortes nos tornam corajosos a ponto de estarmos dispostos a entregar nossas vidas. De que outra forma pode ser explicada a disposição dos extremistas islâmicos de se oferecerem como homens-bomba? Pouquíssimos, por outro lado, sentem-se apaixonados pelo que duvidam. Não conheci muitos ateus apaixonados, e você? Conheci algumas pessoas que acreditam que Deus não existe, mas não muitas que morreriam por essa crença.

O melhor da crença é que ela é sempre uma escolha. Seu mindset pode ser alterado se você mudar as crenças que não o sustentam. Se seu objetivo é ter sucesso na administração de uma empresa, mas tem um mindset fixo e desiste com frequência, pode mudar sua crença de que o esforço não vale a pena. Ou aprimorar a crença de que pode alcançar qualquer objetivo se trabalhar pesado e por tempo suficiente.

Podemos escolher crenças que nos limitam ou crenças que criam poder em nossas vidas. Digamos que você queira parar de fumar, mas se empenhou e não obteve êxito. Acreditou desde o início que poderia alcançar seu objetivo? Esperava ter sucesso?

Pense no poder que teria, ao assumir o objetivo de parar de fumar, perder peso ou preencher um relatório, se acreditasse desde o início que pode fazê-lo. É possível mudar seu mindset e ficar menos estressado. O tempo todo, você abordaria a meta a partir de uma posição de sucesso, não de dúvida. Essa crença em sua capacidade constrói o mindset que deseja adotar.

Pense um pouco. Depois, use os dois exercícios a seguir para mudar a maneira como aborda seu objetivo, seja ele qual for.

Liste um resultado que deseja alcançar e escreva tudo o que sabe sobre si mesmo que o ajudará a transformar esse resultado em realidade. (Falarei mais sobre a diferença entre metas e resultados no Capítulo 6.) Ao desenvolver sua lista, pense se tem a determinação e o esforço para concluir a tarefa. Lembre-se das características positivas e da alta ética de trabalho que possui, que viabilizarão seu sucesso em alcançar a meta. Há chances de que você já tenha o talento e a capacidade para realizar o que deseja. Tudo o que precisa é fortalecer sua crença interna e esquecer as coisas que podem impedi-lo. Revise essa lista sempre que duvidar da sua competência de concluir uma tarefa. Isso reforçará sua crença na capacidade de atingir qualquer objetivo que definir.

Jogo tênis durante a semana com um grupo de rapazes mais jovens do que eu, ou, pelo menos, não tão lesionados quanto eu. Meu objetivo em cada partida é jogar bem. Muitas vezes, lembro-me com clareza dos dias ruins, quando perdi lances fáceis. Mas, quando me concentro nas partidas em que joguei bem, meu mindset melhora drasticamente de: "Espero não ser uma porcaria de novo", para: "Não estou julgando minhas batidas, apenas vou me divertir e fazer o melhor que posso."

Um dos diretores de quadra do Palisades Tennis Club, em Newport Beach, Califórnia, ouviu um jogador falar sobre sua partida ruim. Patty disse: "Você vai ganhar um salário por isso? Apenas jogue sua partida e pare de reclamar!" Adorei esse comentário. Ficamos tão envolvidos em nós mesmos que esquecemos nossos motivos para fazer o que gostamos. Apenas aproveite o momento.

Revise as características positivas que identificou e se imagine aplicando-as a seu resultado. Crie uma imagem mental de cada uma. As imagens dessas ações de apoio devem ser grandes, brilhantes e vivas. Qualquer pensamento negativo deve ser sombrio, escuro e pequeno. Isso reduzirá o efeito da dúvida.

É mais fácil usar crenças se você entender de onde elas vêm. As crenças não se desenvolvem porque alguém bate na sua cabeça um dia enquanto declara no que você pode ou não acreditar. Em vez disso, as crenças e, portanto, seu mindset se desenvolvem a partir de quatro fontes tangíveis: o contexto, o que descobrimos por meio do intelecto, as experiências e as esperanças e expectativas.

Contexto. Você sabe que a infância tem um grande efeito no seu sucesso na vida. Como discutido anteriormente, se cresceu em um bairro de classe média baixa, ficar muito rico pode ser um desafio. Isso se deve ao mindset que diz que pagar as contas é uma luta. Mas, se seu nome fosse DuPont, Rockefeller ou Rothschild, suas expectativas e crenças seriam bem diferentes. Você ficaria confortável com o dinheiro, porque seus pais sempre ficaram. E eles lhe teriam ensinado como administrá-lo.

Geralmente, mas não necessariamente. Considere os Vanderbilts. Reza a lenda que, em 1800, Cornelius Vanderbilt pegou US$100 emprestados do pai para comprar uma balsa em Nova York. Mais tarde, construiu uma linha de navegação e ganhou dinheiro em ferrovias. No auge, a família valia US$300 bilhões em dólares de hoje. (A última vez que verifiquei, Jeff Bezos era o homem mais rico do mundo, com apenas US$82,5 bilhões.) Mas, apenas três gerações depois, os herdeiros Vanderbilt não valiam nem US$1 milhão cada. Dizem que foi por desperdício. Acho que é mais do que isso. Acho que não ensinaram aos herdeiros como administrar o dinheiro. Ao gastar apenas 4% da fortuna todos os anos, poderiam ter mantido, e até aumentado, sua riqueza. Tudo se resume ao mindset. Os herdeiros tinham um mindset fixo, não de crescimento. Eles se julgavam limitados, não capazes de cultivar o que tinham.

Pergunte a si mesmo: os resultados que deseja são coerentes com o ambiente em que cresceu? Caso contrário, você pode lidar com as diferenças no estilo de vida decorrentes desses resultados? Se é um vendedor que deseja ganhar mais dinheiro, acredita que pode lidar com as mudanças que uma maior riqueza lhe trará? Acredita que quer dinheiro e maior riqueza?

Você provavelmente está respondendo com um entusiasmado: "Sim!", mas tenha cuidado. Se não acredita que pode ou deve obter uma renda mais alta, inconscientemente sabotará seu mindset ao buscá-la. Para verificar se suas crenças são compatíveis com seu objetivo de ganhar mais dinheiro, use a técnica da *verificação futura de crenças*. Em sua mente, crie uma representação visual de um resultado específico que deseja. Agora, uma imagem sua com esse resultado, para descobrir se acha que merece ou não. Quão vívida é essa imagem? É clara? É grande? É colorida? Caso contrário, esse resultado pode não ser compatível com suas crenças. Não é possível mudar seu mindset sem antes mudar suas crenças. É preciso mudar o resultado desejado ou mudar suas crenças.

Intelecto. A segunda fonte de crenças é o seu intelecto. Veja como usá-lo para verificar suas crenças. Considere o mesmo resultado que usou no último exemplo. Visualize a imagem em sua mente e verifique se é inteligente o suficiente para alcançar esse resultado. Se o seu resultado é concluir a graduação, você acredita que tem ética de trabalho suficiente para obter boas notas? Não se trata de QI. Trata-se de seu comprometimento. Seus amigos podem saber que se esforçará, mas *você* sabe disso? Imagine-se usando a beca de formatura ou carregando uma braçada de livros e verifique a vivacidade, o brilho e o tamanho da imagem. Quando desanimamos e desistimos, perdemos a imagem da meta e do resultado.

Experiências. A terceira fonte de crenças são as experiências. Se teve realizações no passado, você provavelmente terá sucesso no futuro. Mas, se desistiu no passado, mudar seu mindset para superar obstáculos no futuro é um desafio. No entanto, não é impossível. Façamos a verificação de crenças novamente. Imagine seu resultado mais uma vez e, ao lado dele, visualize um fracasso passado. Em seguida, veja o resultado completo, sustentado pela sua experiência do passado. Essa imagem é vívida, grande e bem definida? Sua experiência passada lhe dará a autoconfiança necessária para ter êxito futuro e alcançar esse resultado específico? A imagem e suas características fornecerão uma boa ideia da resposta.

Busco completar meus objetivos em tudo que faço. Tenho uma crença e um mindset de que, se desistir das pequenas coisas, desistirei também das grandes. Quando estou no elíptico e planejo fazer um treino de 30 minutos, a dor começa na marca dos 20. Penso em parar, pensando que devo ir ao escritório mais cedo. Então visualizo uma imagem de como é perder 5kg e reduzir a pressão dos discos artríticos nas minhas costas.

Esperanças e expectativas. A quarta fonte de crenças são nossas esperanças e expectativas para o futuro. A menos que tenhamos muita esperança de algo, não desenvolvemos crenças fortes. Isso ocorre porque há poucas coisas tangíveis além da fé nas quais basear as expectativas. Mesmo assim, a maioria de nós provavelmente acredita agora que, quando formos trabalhar amanhã, teremos um bom dia. Ser capaz de desenvolver uma crença no sucesso futuro é a força vital de qualquer objetivo, principalmente para empresas comissionadas, como do setor de vendas.

O pequeno Jamie Scott é um bom exemplo de esperanças e expectativas. Jamie queria participar de uma peça da escola e estava determinado, mas a mãe temia que ele não fosse escolhido. Depois da aula, no dia em que os papéis foram entregues, Jamie correu para a mãe, seus olhos brilhando com orgulho e emoção. "Adivinhe, mãe!", gritou ele. "Fui escolhido para aplaudir e incentivar!"

Em geral, as crenças de uma pessoa vêm de uma combinação desses quatro fatores. Tenho uma amiga que é um exemplo clássico de alguém cujas crenças provêm de seu intelecto e experiências, e não de seu contexto, esperanças ou expectativas. Suzanne é uma dona de casa feliz, na faixa dos 30 anos, que sempre temeu voar. O fato de que os aviões são estatisticamente mais seguros que os carros não fazia sentido para ela. Afinal, os aviões colidem, embora não com frequência. Não ajudava o fato de que ela guardara na memória tudo que já lera sobre isso, pois apenas consolidava sua crença de que os acidentes acontecem com mais frequência do que de fato ocorrem.

Suzanne é uma mulher inteligente. Na verdade, usa seu intelecto para racionalizar o medo de voar. "Como várias toneladas de aço voam pelo ar?", perguntava. Ela argumenta que, mesmo que houvesse apenas uma chance em 1 milhão de um avião cair, seria ela a terminar em uma cratera. Ela se sente assim, embora ninguém em sua família tenha essa fobia. Na verdade, seus pais e irmãos gostam de voar.

Por causa desse medo, nas férias, Suzanne força a família a dirigir, em vez de pegar um avião, mesmo que possam pagar por viagens mais luxuosas. Ela perdeu grandes oportunidades ao longo dos anos — uma viagem a Aruba com amigos após a formatura, a lua de mel na Grécia que o marido queria — mas, no geral, a vida correu bem.

Agora, Suzanne está sendo forçada a enfrentar seu medo, graças a um casamento de família do outro lado do país, que está agendado junto com o torneio de hóquei do filho. Ela não pode perder nenhum dos dois, e isso significa voar.

Seu marido se sente aliviado porque o problema está finalmente sendo tratado. Mas, à medida que a viagem se aproxima, o medo de Suzanne aumenta. Ela está tendo problemas para comer e dormir. Pura e simplesmente, ela precisa mudar suas crenças.

MUDE SUAS CRENÇAS, MUDE SEU MINDSET

Como no caso de Suzanne, as crenças podem ser autossabotadoras, principalmente quando são ruins para nós ou incorretas. Às vezes, é preciso um problema ou uma tragédia para iluminar nosso conhecimento a ponto de conseguirmos mudar.

Felizmente, às vezes com educação e em outras com autoconfiança, podemos mudar nossas crenças para respaldar nossos objetivos. Uma maneira de fazer isso é com a *técnica de mudança de submodalidade*. Ela lhe mostra formas de difundir e reformular crenças de um jeito novo. Quando fizer isso, mudará seu mindset e seus resultados.

Embora tenhamos cinco sentidos — tato, olfato, paladar, visão e audição —, pensamos com apenas três. São os sentidos visual, auditivo e sinestésico: visão, audição e sentimentos. Segundo algumas estimativas, 35% das pessoas são visuais; 25%, auditivas; e 40%, sinestésicas.

Palestro em conferências em todo o mundo sobre "pessoas mágicas". Um conceito importante é esta mesma ideia: as pessoas têm modos primários de pensamento. Por exemplo, alguém *visual* se lembra melhor de coisas que viu. *Auditivo*, das que ouviu; enquanto um *sinestésico* se lembrará melhor dos sentimentos de uma experiência.

As Forças Armadas dos EUA ministram um teste muito simples para descobrir qual é o olho dominante ao disparar um rifle. Faça esse teste. Escolha um objeto em uma parede na sua frente. Agora, faça um círculo com o dedo indicador e o polegar. Olhe através desse círculo para o objeto na parede. Agora, feche um olho de cada vez e veja qual deles está alinhado com o objeto através do círculo. Se vir o objeto com o olho esquerdo fechado, seu olho dominante é o direito. Se vir com o direito fechado, seu olho dominante é o esquerdo. Mesmo que use ambos os olhos, um domina. Você também tem um modo de pensamento dominante. Vamos descobrir qual é.

Pense no que sentiu hoje ao acordar. Você se lembra melhor do que ouviu, viu ou sentiu? Quando acordei esta manhã, lembro-me de ter olhado pela janela do meu quarto. Também me lembro de ativar um canal de notícias de negócios para ouvir enquanto eu me alongava. Também me lembro da rigidez que senti graças a 55 anos jogando tênis. Mas o que mais me lembro dos primeiros minutos dessa manhã é de como me *senti*. Lembre-se do que experimentou quando acordou esta manhã. De qual sentido se lembra mais?

Na verdade, o olfato é o sentido mais intenso. Ele evoca sons, sentimentos e imagens. Nenhum outro sentido tem esse poder. Uma de minhas clientes perdeu a mãe recentemente. Ela ficou arrasada após a longa doença da mãe. Mas a ficha só caiu quando voou para uma reunião de negócios na Flórida. O quarto de hotel tinha um cheiro que lembrava-lhe a mãe. Trouxe à tona emoções intensas. Tenho certeza de que você também já teve esse tipo de experiência. Algumas pessoas dizem que uma música lhes traz à memória um acontecimento de dez anos atrás. Ou um sentimento os lembra de uma experiência de criança. Mas o cheiro faz com que memórias ainda mais intensas voltem rapidamente.

No entanto, são os sentidos visual, auditivo e sinestésico que usamos para pensar, e você pode utilizá-los para mudar suas experiências e crenças. Para entender essa técnica, pense em uma crença que tenha. Brinque com cada diferença pictórica nessa crença. Altere suas características em brilho, cor, vivacidade, tamanho e outras diferenças que tenha reparado. Certifique-se de que a crença seja específica.

Por exemplo, faça da sua crença sobre a riqueza futura uma imagem de uma casa grande no campo. Acredite em se tornar um melhor jogador de golfe ao criar uma imagem de você ganhando um grande torneio em alguns anos. Se acredita que terá uma educação avançada, pode imaginar um capelo e uma beca. Use o que quer que represente sua crença da maneira mais visual e tangível possível.

Você também pode enfraquecer a imagem de uma crença que deseja mudar. Pegue uma imagem dessa crença e altere suas características. Se sua crença é grande, faça dela uma pequena imagem. Se é brilhante, reduza seu brilho. Se for detalhada, deixe-a desfocada. Se sua crença é estável, faça a imagem piscar. Se é colorida, mude-a para preto e branco. Em cada uma dessas etapas, observe as mudanças psicológicas e emocionais pelas quais você passa.

Após deixar essa imagem fraca, pequena e em preto e branco, você começará a vê-la piscar à medida que desaparece. Se deixar esse quadro vazio e sem imagem para substituí-lo, sentirá ainda mais ansiedade. Em vez disso, substitua-o por uma imagem de uma crença que deseja ter: você tem o poder de perder quantos quilos quiser. Tem a capacidade de demitir um funcionário que é improdutivo, atrasado e rude. Tem o poder de superar um mindset fixo de não ouvir as pessoas ao redor e substituí-lo por um mindset de crescimento, no qual aprende com todos que conhece. Enfraqueça a imagem de não poder ouvir, elimine-a e substitua-a pela imagem de estar atento.

Minha amiga Suzanne conseguiu fazer isso. Ela sabia que queria superar o medo de voar. Começou imaginando que ela e o marido passariam momentos maravilhosos na costa do Maine vendo a sobrinha se casar, e comemorando com a irmã e os parentes. Imaginou as lagostas sendo fervidas na véspera do casamento. Ela tornou essa imagem brilhante, vívida e grande. Teve tanto sucesso em conjurar a experiência de comer sopa de amêijoa fresca da Nova Inglaterra que ficou com água na boca.

Então ela pegou a crença que queria mudar: a de que seu avião cairia. No início, essa crença era brilhante, vívida e grande em sua mente. Ela então mudou as características da imagem, tornando-a turva, confusa, piscando ao longe. Substituiu a foto por uma nova crença: de que seu avião decolaria, voaria e aterrissaria com segurança e sucesso.

Em sua mente, via o avião voando graciosamente pelo céu. Ela se via sorrindo, segurando a mão do marido e aceitando amendoins de uma aeromoça gentil. Chegou a sentir o avião pousando, aterrissando suavemente e correndo na pista até parar; e se viu descendo os degraus da aeronave e pegando sua bagagem.

Suzanne estava chegando perto de mudar suas crenças, mas ainda não estava lá. O próximo passo da técnica de mudança de submodalidade é emoldurar a nova crença, não em termos de resultado final, mas em termos do processo que o ajudará a alcançar seu objetivo. Para Suzanne, isso significava se ver como alguém capaz de voar sem ansiedade e viajar para lugares ao redor do mundo que sempre sonhara.

COMO USAR A VERIFICAÇÃO DE ESTABILIDADE EMOCIONAL

O último passo da técnica de mudança de submodalidade é fazer uma *verificação de estabilidade emocional*. Determine se existe alguma maneira de sua nova crença ser um problema para você. Poderia causar-lhe algum conflito emocional no futuro? No caso de Suzanne, ela pode temer que voar mais e viajar a afaste dos entes queridos. Talvez viajar mais não fosse algo de que ela desfrutaria em longo prazo. Em outras palavras, não é porque você é capaz de eliminar um medo que deve fazê-lo. Talvez eu consiga eliminar o medo de pular de bungee jumping, mas isso não significa que devo me envolver nessa atividade. Em resumo, você não precisa ter confiança em tudo. Um certo nível de apreensão é bom. Mantém você aprendendo e focado. Assim como o lançador de discos cego em um estádio lotado deixa os fãs atentos.

Se uma nova crença é boa para você, prossiga. Se não tiver certeza, use outro conceito, a *coerência*. É incrivelmente eficaz para ajudá-lo a decidir se uma crença é boa para você em termos emocionais.

A função da coerência é avaliar uma nova crença nos três processos de pensamento — visão, audição e sentimentos — para descobrir se lhe criará algum tipo de conflito ou ansiedade. Por exemplo, se sua nova crença é ser mais assertivo ao perceber que as pessoas estão se aproveitando de sua boa vontade, você pode se ver reagindo de maneira diferente. Ao se conectar aos três processos de pensamento neurolinguístico, você se verá resistente e assertivo. Isso pode representar a maneira como se levanta, anda ou mesmo como se senta. Em termos auditivos, você se ouvirá falando de uma maneira muito assertiva. Quanto ao aspecto sinestésico, sentirá mais confiança e força em suas comunicações com as pessoas. Será mais assertivo ao dizer aos outros como se sente.

Por outro lado, se sua chefe se sentir desconfortável por você ser mais assertivo, evite agir dessa maneira com ela. Um compromisso pode ser enfraquecer a crença atual de que precisa ser assertivo com todos e, em vez disso, limitar sua assertividade às pessoas que tiram vantagem de você.

Façamos tudo desde o início. Comece com uma crença sobre uma meta que, em algum nível, você duvida de que possa alcançar ou manter. Vamos assumir, por exemplo, o objetivo de obter um diploma em direito. Sua crença pode ser que o curso é muito exigente ou que você é velho demais. Ao examinar essa crença, questione-a, testando cada modo de pensamento. Torne-os pequenos, escuros e confusos. Qualquer som conectado a eles deve se tornar suave, depois inaudível, e você também deve diminuir a força de seus sentimentos a respeito, talvez usando a técnica de desassociação, que discutimos.

Use a técnica de mudança de submodalidade para enfraquecer a dúvida que sente. Transforme a imagem do seu desafio de aprendizado em uma imagem piscante. Quando começar a piscar, substitua-a imediatamente por uma imagem de estudo e concentração bem-sucedidos das informações à frente. A maioria de nós sente dúvidas com base em um mindset fixo que lhe diz que não é inteligente, forte ou bonito o suficiente. Mas, em geral, não temos a mesma dúvida de que podemos trabalhar ou nos esforçar o bastante.

Veja-se sorrindo enquanto lê um livro, à medida que obtém informações novas e úteis. Essa seria uma representação mais positiva do que questionar se tem talento suficiente. Coloque a imagem em primeiro plano e torne-a vívida, colorida e detalhada. Observe como o quadro da imagem aumenta, e a imagem fica mais clara e nítida. Você pode ouvir música clássica ou jazz suave ao fundo.

Observe as mudanças fisiológicas que sente. Você deve sorrir, sentir-se mais alegre, mais encorajado e mais feliz com seu objetivo. Deve sentir como se uma carga tivesse sido tirada de sua mente. É por uma razão muito boa: duas crenças fortes e conflitantes sobre a mesma coisa não podem existir. Basta enfraquecer uma crença antes que a outra a substitua. Essa técnica provoca um curto-circuito no processo de eliminação de crenças e dúvidas desfavoráveis.

Agora, emoldure a nova crença. Para desenvolver um mindset focado em resultados, dizendo que você pode obter um diploma em direito, veja-se capaz de aprender, com ótima memória e leitura rápida. Quando a situação ficar complicada, consulte essa imagem mental. Ela reforçará o mindset focado em resultados necessário para continuar.

Por fim, verifique a estabilidade emocional de sua nova crença. Se necessário, use a técnica da coerência para avaliar sua nova crença nos três processos de pensamento: visão, audição e sentimentos. Para desenvolver a confiança necessária para obter um diploma em direito, veja, ouça e sinta os aspectos de ser um advogado, enquanto verifica que isso é coerente com o que sente.

Tenho um bom amigo que não gosta de ser advogado. Ainda que ele estudasse para uma nova especialidade em direito, não importa como mudasse suas crenças, não mudaria o fato de que ele não gosta de exercer a profissão. Coerência significa que suas crenças precisam ser coerentes com o que você mais gosta e ama — e também com o que *não gosta*. Em suma: verifique se o objetivo para o qual quer adquirir autoconfiança está alinhado com o que realmente deseja.

Você também pode substituir crenças e dúvidas incompatíveis por crenças de apoio. É possível fazer isso, primeiro, passando de uma crença para a dúvida; segundo, contrastando as duas versões; e, terceiro, finalmente testando a nova crença. Digamos que você é bom com as pessoas e acredita que, como gerente de pessoal, poderia ajudar os colegas de trabalho a ser mais produtivos. Você pode representar isso com uma imagem sua trabalhando lado a lado com um funcionário e depois com outro, dando instruções que ajudarão a desenvolver situações em que todos saem ganhando.

Agora, pense em uma dúvida. Suponha que o resultado desejado seja se tornar chefe de um departamento de sua empresa. Mas, apesar de ser bom com as pessoas, você tem mindset fixo. Tem medo de não conseguir liderar 30 indivíduos. Como isso seria representado em sua mente? Pode ser uma imagem sua agindo de forma confusa e desorganizada, sem saber o que fazer.

Veja as diferenças entre suas imagens de crença e as de dúvida. Observe as mudanças no brilho, vivacidade, cor, imprecisão. Observe o tamanho de cada imagem e se ela pisca.

Em seguida, teste cada uma das diferenças de submodalidade, uma de cada vez, para descobrir qual é a mais poderosa na mudança da moldura de dúvida para uma de crença. Talvez passar de uma imagem vívida para uma obscura tenha o maior poder sobre a dúvida. Talvez alterar a cor da imagem de tons primários brilhantes para um cinza opaco resolva o problema e faça com que a imagem de dúvida pisque ou desapareça. Todos esses aspectos funcionam; você só precisa testar cada um deles.

Por fim, verifique se tem uma nova crença em sua mente para substituir a incerteza. Se duvida de sua capacidade de se tornar um bom gerente, precisa substituí-la por uma nova crença de que fará o possível para atingir esse objetivo. Visualize a si mesmo aprendendo ideias e conceitos rapidamente. Crie uma imagem de si mesmo devorando livros que parecem complexos para os outros. Ao fazer isso, lembre-se de pensar na nova crença *exclusivamente* de forma positiva. Além disso, pense na crença como um processo, não como uma meta — nem como ilusão. Uma ilusão seria ter a crença de que você pode ser rico e depois se ver como a pessoa mais rica do mundo.

O processo de mudança de crenças é muito simples. Nos próximos dias, teste suas novas crenças para que as emoções e associações relacionadas sejam coerentes com as mudanças que ocorreram. Faça isso testando a representação visual de cada uma de suas crenças. Como é sua crença depois de vários dias? Ainda é vívida? Ainda é grande, colorida e está no centro da moldura? Ainda tem todas as características que existiam quando você a criou? Talvez seja necessário reforçá-la ao refazer esses exercícios, mas, com a prática, a nova crença se integrará a seu modo de vida.

Lembre-se de que crenças e objetivos precisam estar em harmonia. Se assim estiverem, você poderá fazer milagres, como o grande violinista Itzhak Perlman fez quando uma das cordas do violino arrebentou no início de um show. A situação é um lembrete incrível do quanto as crenças são poderosas.

Em 18 de novembro de 1995, Itzhak Perlman subiu ao palco para fazer um concerto no Avery Fisher Hall, no Lincoln Center, em Nova York. Se já foi a um show de Perlman, sabe que subir ao palco não é uma conquista banal para ele. Ele teve poliomielite quando criança, então usa órteses nas duas pernas e precisa de duas muletas. Vê-lo atravessar o palco, um passo de cada vez, é uma visão impressionante. Ele caminha dolorosa, mas majestosamente, até chegar à cadeira. Então se senta lentamente, coloca as muletas no chão, retira as órteses, afasta um pé para trás e estende o outro para frente. Então ele se abaixa e pega o violino, coloca-o embaixo do queixo, acena com a cabeça para o maestro e começa a tocar.

A plateia já estava acostumada com esse ritual. Naquela noite, o público se sentou em silêncio enquanto ele atravessava o palco até a cadeira. Todos permaneceram reverentemente silenciosos enquanto Perlman retirava as órteses. Esperaram até que estivesse pronto para tocar.

Mas, daquela vez, algo deu errado. Assim que ele terminou os primeiros compassos, uma das cordas do violino arrebentou. Deu para ouvir o estalo — ressoou como tiros pela sala. Não havia dúvida sobre o que aquele som significava ou o que ele tinha que fazer. As pessoas que estavam lá, naquela noite, disseram: "Achamos que ele teria que se levantar, recolocar as órteses, pegar as muletas e sair do palco para pegar outro violino ou trocar a corda."

Mas ele não fez nada disso. Esperou um momento, fechou os olhos e fez um sinal ao maestro para que recomeçasse. A orquestra recomeçou e ele voltou a tocar de onde havia parado. E tocou com a paixão, o poder e a perfeição com que nunca tocara.

Obviamente, todo mundo sabe que é impossível tocar uma peça sinfônica apenas com três cordas, na afinação e com os acordes padrão. Eu sei disso, e você também sabe; mas, naquela noite, Itzhak Perlman se recusou a saber disso. Era possível vê-lo modulando, alterando e recompondo a peça em sua cabeça. A certa altura, parecia que ele estava mudando a afinação das cordas para obter novos sons delas, como nunca tinham soado antes.

Quando terminou, houve um silêncio impressionante na sala. E então as pessoas se levantaram e aplaudiram. Uma extraordinária explosão de aplausos emanou de todos os cantos do auditório. As pessoas estavam de pé, gritando e aplaudindo, fazendo o máximo para mostrar o quanto apreciavam o que ele fizera.

Ele sorriu, limpou o suor da testa, ergueu o arco para aplacar a plateia e depois disse, sem se vangloriar, mas em um tom calmo, reflexivo e respeitoso: "Sabe, às vezes a tarefa do artista é descobrir quanta música você pode criar com o que resta."

As crenças são poderosas. Use as crenças positivas que possui e mude as que o sabotam para alcançar cada vez mais autoconfiança em sua vida.

Aqui estão algumas tarefas para ajudá-lo a colocar em prática seu novo mindset focado em resultados:

1. Pegue um dos objetivos e resultados que anotou e liste as crenças positivas e negativas que o limitam ou capacitam a atingi-los. Em seguida, substitua cada uma das antigas crenças que não os apoiam por novas, que os viabilizarão. Use a técnica de mudança de submodalidade para fazer isso.

2. Escreva três de suas crenças baseadas em esperanças e expectativas futuras. Marque aquelas que o ajudarão a alcançar uma meta que definiu para si mesmo. Em seguida, faça a verificação de crença que descrevemos. Como você já acredita que suas habilidades o auxiliarão para atingir seu objetivo? O que o deixa ansioso?

Recentemente, participei de um torneio de tênis no meu clube. Um de meus amigos disse que há uma vantagem definitiva em jogar em casa. Eu não concordava, porque não há estádios cheios de fãs, como no futebol universitário; existem apenas os amigos e parentes que cada jogador leva para a partida. Meu amigo disse que a maioria das pessoas perde ao visitar outro clube, porque acredita que é mais desafiante vencer. Eles criam um mindset fixo, dizendo que perderão. No caso, a crença não fortalece o objetivo. Se os tenistas não acreditam que podem ganhar, já perderam.

Se seu objetivo é fazer MBA, uma crença que apoiaria esse objetivo pode ser um mindset de que você pode aprender rapidamente, esforçar-se e desejar adquirir conhecimento. Se seu objetivo é ganhar dinheiro para comprar uma casa, sua crença pode ser a de que atingirá seus objetivos todos os meses para economizar sem viver de salário em salário. Assim fica mais fácil desenvolver um novo mindset focado em resultados.

DESAMPARO APRENDIDO

A maior parte do desenvolvimento de um mindset de crescimento depende de quão otimista você é. Há vários pesquisadores que fizeram um estudo exaustivo sobre otimismo. Um desses pesquisadores é o húngaro Mihaly Csikszentmihalyi, a quem chamarei de Dr. Mihaly, para simplificar. O outro é Martin Seligman, pai do conceito do *desamparo aprendido*. Dr. Mihaly é professor de psicologia da Claremont Graduate University, na Califórnia, e Dr. Seligman, de psicologia na Universidade da Pensilvânia.

Dr. Mihaly disse uma vez que, quando as pessoas cedem ao medo, suas vidas são diminuídas. Mas suas teorias foram muito além da questão do medo. No livro *Flow: The psychology of optimal experience* ["Fluxo: A psicologia da experiência ideal", em tradução livre], ele pesquisou o estado mental de completa concentração e absorção ao realizar uma atividade altamente desejável, o que ele chama de *fluxo*. Nesse estado, as pessoas estão tão envolvidas na atividade que nada mais parece importar. A ideia de fluxo está muito próxima da sensação de que você pode estar "no espírito" ou "pegar o ritmo". Dr. Mihaly chama isso de "o estado de motivação intrínseca", no qual alguém está totalmente imerso no que faz. Este é um sentimento que todos têm em algum momento, caracterizado por grande absorção, engajamento e satisfação, além de habilidade.

Em uma entrevista, o Dr. Mihaly descreveu o fluxo como o envolvimento completo em uma atividade por si só. A ansiedade some. O tempo voa. Toda ação, movimento e pensamento segue o anterior, como se tocasse jazz. Todo o seu ser está imerso em seu esforço e habilidade, com a máxima capacidade.

O grande tenista Pete Sampras mostrou fluxo em um jogo das quartas de final do U.S. Open em 1996. Ele estava em uma competição acirrada contra o grande jogador espanhol Alex Corretja. Durante um tiebreak no quinto set, ficou nítido que Sampras estava doente. Após um ponto, ele vomitou na quadra, na parede dos fundos. Não havia como terminar a partida. Toda a multidão pensou que ele desistiria, dando ao adversário uma oportunidade para avançar no campeonato. Mas, como todos os grandes campeões, Sampras se recuperou e venceu o tiebreak, conquistando a vitória e avançando para a semifinal. Esse é um exemplo extremo do conceito de fluxo, do Dr. Mihaly. Se Pete não estivesse em perfeito estado de fluxo, sentiria a dor, a náusea e os efeitos debilitantes da dor de cabeça e da febre. Ele poderia ter fracassado na partida.

O Dr. Mihaly chama esse estado de fluxo de *experiência autotélica*: algo que você procura como um fim em si mesmo, não como meio para outra coisa. Para alcançar o estado de fluxo, é necessário encontrar um equilíbrio entre o desafio da tarefa e a habilidade do executor. Se a tarefa é fácil ou desafiante demais, o fluxo não ocorre. O nível de habilidade e o de desafio devem ser *altos* e *equivalentes*. Se a habilidade e o desafio são equivalentes, mas baixos, há tédio. Se jogo tênis contra um iniciante, meu nível de habilidade é alto, mas o de desafio, baixo; portanto, não há estado de fluxo. Se jogo contra profissionais de 20 anos, com meu corpo de 60 e poucos anos, meu nível de habilidade é muito baixo e o de desafio, muito alto. Também não conseguirei alcançar o fluxo, porque, novamente, tanto a habilidade quanto o desafio devem ser altos e equivalentes.

Digamos que você seja um vendedor trabalhando há meses em um projeto. O cliente, de repente, diz que sim. Enquanto você trabalha com a papelada, ocorre um estado de fluxo. Essa última entrevista seria a mesma se durasse 10 minutos ou 3 horas, porque você está no fluxo. Em uma partida de golfe, você dá sua tacada do tee mais longe do que nunca. Arremessa a 320 jardas. Então crava seu fairway shot bem no meio do green. Termina o buraco com uma tacada abaixo do par, realizando um birdie. Você atingiu o estado de fluxo. O buraco levou 15 minutos, mas parecia 1. Isso é fluxo.

O grande astro do basquete Michael Jordan estava prestes a fazer três pontos no jogo sete contra o Utah Jazz. Era a final da NBA e, se Jordan conseguisse acertar o placar com três segundos restantes, o Chicago Bulls venceria outro campeonato. O problema era que Jordan estava doente naquele dia (como Pete Sampras), vomitando durante os intervalos. Ele nem jogou muito no segundo tempo. Mas, para aquele arremesso crítico, estava em estado de fluxo.

Fluxo é um conceito crítico para um mindset focado em resultados. Se seu nível de habilidade for muito maior do que o desafio, você ficará entediado. Se o desafio for muito maior do que sua habilidade, seu mindset ficará prejudicado, pois você sentirá uma ansiedade tremenda. Um bom exemplo é fazer um discurso. Você conhece seu material, mas só o apresentara na frente de pequenos grupos, de 15 a 20 pessoas. Seu nível de habilidade é alto, mas o desafio é baixo; portanto, não há fluxo. Mas, quando fala na frente de 2 mil pessoas, não apenas precisa conhecer o material como entretê-las para prender a atenção delas. Um nível de habilidade maior é exigido, porque o desafio é muito alto. Se não possui habilidade suficiente para ser brilhante diante de 2 mil pessoas em vez de apenas 15, o fluxo será substituído por estresse e ansiedade. Você pode desenvolver suas habilidades de fala ensaiando e trabalhando mais. Também pode melhorá-las com o auxílio de um treinador de oratória.

Então, veja bem, não basta se esforçar para fazer uma atividade; é preciso ter o nível de habilidade compatível. Portanto, você pratica o discurso várias vezes, dedica-se a encaixar as histórias e piadas certas nos lugares certos. Você o profere a grandes grupos antes de sua palestra para as 2 mil pessoas. A cada sessão de prática, sua crença aumenta. Seu mindset se desenvolve, dizendo-lhe que você tem a resistência e a ética de trabalho para ter sucesso. Sua chance de alcançar o fluxo é muito maior.

Uma outra pesquisa do Dr. Mihaly é a *motivação intrínseca*. Ele descobriu que pessoas intrinsecamente motivadas — ou seja, pela alegria e pelo desafio de realizar a tarefa em si — eram mais propensas a ser orientadas a objetivos e focadas. Elas são exatamente o tipo de pessoa que gosta de desafios, o que leva a um aumento na felicidade geral. Segundo o Dr. Mihaly, a motivação intrínseca é uma característica muito poderosa. Pode otimizar e aprimorar experiências positivas, sentimentos e bem-estar geral.

Isso significa que você deve sempre se desafiar com um mindset focado em resultados. Desafie-se nos esportes, no trabalho, na vida familiar e em todas as outras áreas de sua vida. Pessoas com um mindset fixo tendem a evitar situações em que não conseguem um bom desempenho. Elas adotam comportamentos de evitação, como dizer: "Estou cansado demais", "Não quero fazer isso porque não sou bom" ou "Não tenho tempo", quando sentem que o objetivo não vale o esforço. Mas a pesquisa sobre motivação intrínseca sugere que basta experimentar coisas novas, com ou sem um bom desempenho, para aumentar sua sensação de bem-estar e autoconfiança. Esta é a essência do mindset focado em resultados.

O conceito de Martin Seligman de desamparo aprendido é igualmente útil. Simplificando, ele diz que, quando falhamos em uma atividade, tendemos a evitá-la no futuro, porque entendemos que não teremos êxito. Esse é um dos estopins de um mindset fixo. "Já fiz isso, e não deu certo. Por que cometer o mesmo erro de novo?"

A estilista Coco Chanel disse: "O sucesso é mais frequentemente alcançado por aqueles que não sabem que o fracasso é inevitável." Com um mindset focado em resultados, a premissa seria: "Já tive reveses, mas, com trabalho árduo, supero qualquer obstáculo."

Sou um pesquisador que virou psicólogo corporativo. Ainda gosto de discutir as experiências que levaram ao desenvolvimento de conceitos como o desamparo aprendido. Em um grupo 1, foram colocadas coleiras em cães por um período determinado. Nos grupos 2 e 3, os cães foram acorrentados em pares. Um cão do grupo 2 era sujeito a choques dolorosos, mas seu par poderia acabar com os choques pressionando uma alavanca. Um cão do grupo 3 foi conectado ao do grupo 2, recebendo choques elétricos de intensidade e duração idênticas, mas a alavanca do seu par não parava os choques, não importava quantas vezes fosse puxada. Para o cão do grupo 3, parecia que os choques eram aleatórios, porque era o cão emparelhado, do grupo 2, que interrompia sua dor. Os cães dos grupos 1 e 2 se recuperaram rapidamente da experiência, mas os cães do grupo 3 desenvolveram o desamparo aprendido. Eles mostraram sintomas semelhantes aos da depressão clínica crônica.

Em outro experimento, Seligman e seu colega, Steven F. Maier, colocaram os mesmos três grupos de cães em uma gaiola de experimento, na qual podiam escapar de choques elétricos saltando sobre uma divisória baixa. Os cães do grupo 3, que haviam aprendido que nada do que fizessem parava os choques, apenas se deitavam passivamente e choramingavam; embora tudo o que precisassem fazer fosse pular uma divisória, eles nem sequer cogitavam. Os pesquisadores chamaram esse comportamento de *atraso na aprendizagem*, que é desistir sem nem arriscar. Em um mundo de conceito fixo, algo não pode ser realizado se você não tem talento. Disseram que você não era bom em tal coisa, e você acreditou. Um mindset fixo foi criado.

Um dos aspectos mais interessantes desses experimentos foi o que os pesquisadores fizeram em seguida. Eles encorajaram verbalmente os cães a pularem sobre a divisória e até mesmo ofereciam petiscos como incentivo. Mas os cães simplesmente ficavam lá, sem responder a nenhuma ameaça ou recompensa. O pesquisador tinha que pegar o cão indefeso, mover suas pernas e levantá-lo sobre a divisória, ensinando-o a escapar do choque. A maior surpresa foi que o pesquisador teve que fazer esse exercício duas vezes antes que o cão percebesse que podia escapar.

De certa forma, essa pesquisa não surpreende. Tenho certeza de que já foi a um zoológico ou um circo. Os elefantes são amarrados a estacas com uma corda muito leve. Eles podem escapar facilmente. Mas, claro, não é a primeira vez que são amarrados. Quando um elefante é um bebê, uma de suas pernas é acorrentada a uma estaca de metal. Não importa o que o bebê faça, a fuga é inútil. Aos poucos, o elefante entende que qualquer coisa ao redor de sua perna, presa a qualquer estrutura, é inevitável. Isso é desamparo aprendido.

O golfe é um dos esportes mais desafiantes que pratiquei. Claro, o tênis também é. Mas depois de quase 58 anos jogando tênis, como amador e como profissional, estou confiante em jogar bem ou, à medida que meu corpo envelhece, pelo menos me divertir. O golfe é outra história. Nunca sei qual Kerry Johnson aparecerá — o com um tee shot no meio do fairway, ou o que arremessará a bola no estacionamento. A única maneira de mitigar erros é praticando muito. Se estou na cidade, jogo duas partidas por semana. Mas pratico no driving range pelo menos três vezes por semana.

Um dos meus melhores amigos, Mark, recusa-se a jogar golfe comigo. Não é que ele *não possa*, é que ele *não quer*. Cinco anos atrás, Mark, eu e alguns outros amigos jogamos no Pelican Hills Golf Club, em Newport Beach, Califórnia. Como tenista, Mark tem uma ótima coordenação de mãos e olhos. Ele levou essa capacidade para o campo de golfe. Em Pelican Hills, disparou um 105. Não é uma pontuação ruim. Apenas 5% dos jogadores de golfe nos EUA arremessam abaixo de 100. Então, Mark pensa que é pior do que realmente é. A última vez que lhe pedi para jogar golfe na frente de alguns amigos, ele disse: "Não sei jogar golfe. Arrisquei, e foi feio." Sei que Mark gostou da nossa última partida. E também sei que ele sabe jogar, embora ainda não muito bem. Mas o fato de ele se recusar, porque não é bom, é outro exemplo de desamparo aprendido.

Quais atividades experimentou e não deram muito certo, então desistiu? Você evitou um MBA porque já foi reprovado em matemática? Recusou o treinamento de vendas porque foi rejeitado por telefone 20 anos atrás? Evitou contratar um coach porque o último não ajudou muito? O desamparo aprendido afeta muitos aspectos dos seus negócios e de sua vida pessoal.

Em um experimento com bebês, um travesseiro com sensor controlava a rotação de um mobile acima do berço. Se o bebê movesse a cabeça para um lado, o mobile girava; se movesse para o outro, parava. Outro grupo de bebês foi colocado em berços que também tinham mobile, mas sem o travesseiro com sensor. Mais tarde, os dois grupos receberam travesseiros com sensor que tinham controle total sobre a rotação dos mobiles, mas apenas os bebês que aprenderam a controlá-lo da primeira vez experimentaram controlar de novo. Obviamente, o primeiro grupo de bebês aprendeu a controlar o mobile, e o segundo teve como consequência o desamparo aprendido.

Vários de meus amigos são ex-Navy SEALs. Já mencionei que a Escola Básica de Demolição Subaquática, ou BUDS, é radical, torturante e mais desafiadora do que qualquer outra academia militar. Os SEALs não apenas são submetidos à água gelada por horas a fio, mas também dormem uma ou duas horas por noite, durante semanas. Muito desse treinamento objetiva eliminar os recrutas menos dedicados. Mas um conceito usado pelos treinadores é ensinar os BUDS a escapar do desamparo aprendido.

É claro que a Marinha não chama isso de desamparo aprendido; chama de *injustiça*. Enquanto os candidatos fazem exercícios noturnos, os treinadores vão para o quartel e tiram lençóis de algumas camas. Após 18 horas de treinamento, os candidatos estão tão exaustos que mal conseguem andar. Quando entram no quartel, uma inspeção é anunciada, com os treinadores procurando violações. É claro que os treinadores atacam as camas sem lençóis e punem os candidatos que não estão dentro dos conformes. Embora pareça totalmente injusto e repreensível para nós, isso ensina aos candidatos que a injustiça acontece e precisa ser superada. Os candidatos têm que aceitar seu destino e passar o resto da noite sem dormir como punição. Mas a verdadeira lição é que, mesmo diante do desamparo aprendido, eles aprendem a superar obstáculos.

Essas descobertas são muito importantes para o desenvolvimento de seu mindset focado em resultados para começar novas atividades. Se falhou em algo no passado, pode ter aprendido que é inútil se arriscar novamente. Como mencionei, fui cortado pelo treinador da equipe de basquete da JV aos 16 anos. Diferentemente de algumas superestrelas, como Michael Jordan, que também foi cortado de seu time de basquete do ensino médio, nunca joguei basquete competitivo de novo, apesar de quase todos os meus amigos jogarem. Racionalizei que gostava muito de tênis, beisebol, futebol e golfe. Não estou dizendo que os treinadores não devem cortar jogadores fracos. Mas precisamos estar cientes de nossa tendência de desistir e acarretar desamparo aprendido. Só porque você falhou em algo antes, não significa que não pode aprender a fazer bem no futuro.

> *Um capitão da Marinha é alertado pelo primeiro companheiro de que há um navio pirata vindo em sua direção. Ele pede a um marinheiro para pegar sua camisa vermelha.*
>
> *Ele pergunta: "Por que você precisa da camisa vermelha?"*
>
> *O capitão responde: "Para que, quando eu sangrar, vocês não notem e não desanimem." Eles acabam vencendo os piratas.*
>
> *No dia seguinte, o capitão é alertado de que 50 navios piratas estão em direção ao barco. Ele grita: "Pegue minha calça marrom!"*

Aqui estão algumas histórias de pessoas que superaram o desamparo aprendido.

- Walt Disney já foi demitido de um jornal por "baixa criatividade". Ele também faliu várias vezes e foi recusado por mais de 100 bancos antes de desenvolver a Disneylândia.
- Um especialista disse a Vince Lombardi que ele "possuía um conhecimento mínimo de futebol e lhe faltava motivação".
- Clarence Birdseye descobriu o segredo do congelamento instantâneo, o que criou toda a indústria de alimentos congelados. Isso só aconteceu depois que ele foi à falência sete vezes.

- Bob Parsons é o fundador e CEO do GoDaddy.com, um registrador extremamente bem-sucedido de nomes de domínio da web. Se você ler as postagens dele no blog (em bobparsons. com — conteúdo em inglês), verá que superou muito em busca do seu sonho. Definitivamente, ele não foi um sucesso da noite para o dia e teve várias derrotas no caminho. Mas nunca perdeu seu objetivo de vista e dizia: "Passei muito pouco tempo olhando para trás ou sentindo pena de mim mesmo." Outra citação impressionante de Parsons é: "Parar é fácil. A coisa mais fácil de fazer é desistir e esquecer seus sonhos (e, francamente, é isso que todos os que não assumem riscos querem que você faça)."
- Um professor do grande Ludwig van Beethoven disse uma vez que ele era um caso perdido como compositor.
- O coronel Harland Sanders, criador do Kentucky Fried Chicken, recebeu um "não" de mais de mil restaurantes por mais de um ano ao tentar vender sua receita de frango. Nessa época, ele morava em seu carro.

Como mencionei, não é fácil adotar um mindset focado em resultados. Todos nós podemos aprender e crescer, mas mudar quem somos e nossa personalidade é quase impossível. Você provavelmente está pensando agora que não faz sentido estudar como desenvolver um mindset melhor se não pode mudá-lo. Acontece que você *pode* aprender. A complexidade está no acompanhamento e na coragem e disciplina para fazer o que sabe.

O CÍRCULO DE RECURSOS

Uma técnica para lidar com a ansiedade e o desamparo aprendido envolve o uso de um *círculo de recursos*. Basta se concentrar em um momento ou evento em que você foi completamente bem-sucedido.

O acontecimento pode ser ter ganhado um concurso esportivo, feito um discurso brilhante ou recebido um prêmio. Em sua mente, desenhe um círculo imaginário no chão a seu lado. Agora, acesse esse evento passado. Visualize-o. Ouça os sons ao seu redor como se estivesse lá e invoque os sentimentos que teve quando aconteceu.

Quando estiver sentindo como se revivesse o evento, dê um passo nesse círculo imaginário. Depois, saia e repita o exercício, relembrando sons, aparências e sensações desse acontecimento. Agora, faça isso de novo, sem usar os três sentidos. Apenas entre no círculo. Você deve conseguir acessar imediatamente o mesmo sentimento de vitória apenas entrando no círculo. Isso é chamado de *estado de recurso*.

Recentemente, conversei com um homem que me disse que se sentia horrível por estar acima do peso, mas sua paciência e sua crença em si mesmo haviam chegado ao fim. Ele estava estressado. Lembrou-se da técnica do círculo de recursos, desenhou mentalmente seu círculo no chão e entrou nele. Não apenas seu nível de estresse diminuiu, como fortaleceu sua crença e mindset positivos. Ele controlou sua ansiedade e alcançou seu objetivo de perder peso.

Os treinadores, empresários, atletas, cientistas e profissionais em geral mais poderosos são aqueles que, como gatilho e, em grande parte, inconscientemente, colocam-se em poderosos estados de recursos, acessando um mindset eficaz. Muitos conseguem fazer isso mesmo quando coisas horríveis lhes ocorrem, sejam problemas de saúde, financeiros, familiares ou outras tragédias. Eles se mantêm em um estado de recurso extremo, acionando mecanismos poderosos em suas mentes. Um círculo de recursos é um estado mental em que você acessa um estado de recurso. Ele também pode ser acessado por uma ação, como assistir a um vídeo motivacional ou ouvir uma palestra inspiradora.

Muitas vezes, antes de um jogo de futebol americano, os jogadores da NFL batem uns nos outros nas ombreiras. Eu achava que era uma maneira de verificar se estavam firmes, até aprender sobre o círculo de recursos. Mas a maneira mais rápida de motivar os jogadores e incitar o mindset vencedor é o grito de guerra que dão em círculos antes de um jogo. Drew Brees, quarterback do New Orleans Saints, é um dos únicos quarterbacks que lidera esse tipo de grito. Ele prepara sua equipe tão rápido e tão bem que é um dos times mais velozes da NFL. Você também pode usar os estados de recursos para criar seu mindset, como os jogadores da NFL.

Um estado de recurso que usava como jogador profissional de tênis era a maneira como jogava a bola antes de um saque. Eu quico a bola exatamente duas vezes antes do primeiro saque e apenas uma antes do segundo. Você pode achar que isso é superstição, mas eu me colocava em um mindset de autoconfiança com esse simples ato. O tenista profissional Rafael Nadal tem um estado de recurso particular. Ele coloca o cabelo atrás das orelhas antes de começar. Superstição ou estado de recurso? Como um comercial de cerveja na TV disse uma vez: "Só é superstição se não funcionar."

APEGO

Uma técnica adicional para controlar a ansiedade é chamada de *apego*. O apego é uma maneira de atribuir uma atitude ou mesmo mindset diferente a uma atividade. É uma maneira de "apegar" emoções positivas a uma atividade. Muitos atletas com ansiedade de desempenho usam o apego para competir da melhor maneira possível. Por exemplo, antes de iniciar uma corrida, um velocista coloca as mãos nos quadris para acessar um estado de relaxamento ou de sucesso passado, antes de se ajoelhar até os blocos de partida. Percorrer 400 metros rasos é um esforço extremamente estressante. Muitos corredores têm enormes prejuízos por conta da ansiedade nos minutos que antecedem a corrida. Mas, quando um atleta consegue fazer algo simples para se acalmar, como colocar as mãos nos quadris, recupera o controle e assume uma postura vencedora. Esse é outro exemplo de acesso a um estado de recurso.

5

Como Usar Metapadrões

Um dia, o pai de uma família rica levou o filho a uma viagem ao campo com o firme propósito de mostrar-lhe como algumas pessoas são pobres. Eles passaram alguns dias e noites na fazenda de uma família muito pobre.

No retorno para casa, o pai perguntou ao filho: "Bem, o que você acha dessa família?"

"Eles eram ótimos, pai", respondeu o filho.

"Você viu como algumas pessoas são pobres?", perguntou.

"Ah, sim", disse o filho.

"Então, o que aprendeu com a viagem?", perguntou o pai.

O filho respondeu: "Aprendi que temos um cachorro, e eles, quatro. Temos uma piscina que chega ao meio do quintal, e eles, um riacho infindo. Importamos lanternas para nosso jardim, e eles têm todas as estrelas no céu. Temos um pequeno pedaço de terra para viver, e eles, campos que vão além da nossa vista. Temos empregados que cuidam de nós, mas eles cuidam dos outros. Compramos nossa comida, mas eles cultivam a deles. Temos muros em torno de nossa propriedade para nos proteger, mas eles têm amigos para protegê-los."

Com isso, o pai do menino ficou sem palavras.

Então, o filho acrescentou: "Obrigado, pai, por me mostrar como somos pobres."

O pai da história tinha um mindset focado em resultados. A vida de uma família de fazendeiros era "pobre". A vida de uma família que vivia na exuberância de uma cidade, com tudo o que o dinheiro podia comprar, era "rica". O mindset desse homem mostrou que suas percepções não eram precisas — o filho o surpreendeu com a forma como percebeu a diferença entre a rica vida da família na fazenda e a vida mais pobre da cidade. A percepção e o mindset do pai mudaram. O mindset é o ápice da forma como você percebe o mundo, ou seus *metapadrões*.

O QUE SÃO METAPADRÕES?

Os metapadrões explicam como nós, seres humanos, processamos informações. Eles são como um programa de computador interno que nos faz prestar atenção ou ignorar certas informações que afetam nossas atitudes e percepções. Os metapadrões são os estados mentais que acessamos automaticamente enquanto nos dedicamos a alcançar o que queremos da vida.

Era uma vez uma mãe exasperada, cujo filho estava sempre se metendo em travessuras, que finalmente perguntou a ele: "Como você espera entrar no céu?"

O garoto pensou e disse: "Bem, vou entrar e sair, entrar e sair, e bater à porta até que São Pedro diga: 'Pelo amor de Deus, Jimmy, entre logo ou fique aí fora!'"

Jimmy, como a maioria das crianças, tinha um mindset influenciado por seus metapadrões. Os dois estão intimamente ligados. Quando minha filha Caroline tinha oito anos, descobriu que não podia competir, intelectual ou fisicamente, com a irmã mais velha, Catherine, então com dez anos. Mas tinha outros recursos: podia chorar e reclamar. Quando queria alguma coisa ou sentia que a irmã estava se aproveitando, ela começava uma mistura de choro/lamento que era muito eficaz para ajudá-la a conseguir o que queria. Afinal, mamãe e papai sempre iam correndo até ela.

Catherine também descobriu um comportamento que a ajudou a conseguir o que queria: agressão. Quando queria alguma coisa, pegava da irmã, o que fazia Caroline voltar a chorar.

Recorrer a travessuras, choro/lamento e à agressão representa apenas três dos metapadrões que as crianças usam. Os adultos também os usam, embora com menos frequência do que as crianças. E os dos adultos são mais complexos.

Os metapadrões são mais que preferências. Eles são os impulsos que nos mantêm em determinado rumo, aproximando-nos ou afastando de algo. Alguns de nós se voltam para exercícios físicos pesados, por exemplo, passando muito tempo em academias ou ao ar livre, correndo ou caminhando. Outros fogem de atividades físicas extenuantes. Outros ainda se voltam para as artes, indo a concertos, museus ou balé, enquanto outros evitam tudo, exceto festas típicas.

Os seres humanos apresentam cinco tipos de metapadrões. Saber quais são, e como influenciam seus comportamentos e crenças, contribuirá para que desenvolva o mindset que deseja.

METAPADRÃO UM: AVANÇAR OU AFASTAR

Se alguém lhe perguntasse o que deseja da carreira, família ou da vida, em geral, você diria o que quer ou o que não quer? Da mesma forma, seu copo fica meio cheio ou meio vazio? Essa tendência de avançar ou afastar constitui o primeiro tipo de metapadrão.

Alguém com metapadrão de *avanço* responderia à pergunta pensando no que *quer*. Alguém com metapadrão de *afastamento* responderia pensando no que *não quer*.

Minha esposa, Merita, pergunta onde eu quero jantar. Eu lhe dou três opções, para as quais ela sempre diz não. Quando pergunto onde ela quer comer, geralmente responde: "Não faz diferença. Em qualquer lugar que você quiser."

Para determinar se seu metaestado é de avanço ou de afastamento, pense em como você tende a responder à pergunta típica feita quando chega em casa do trabalho ou da escola: "Como foi seu dia?" Se sua tendência é responder "Ótimo!" ou alguma variação do tipo, seu metaestado é de avanço. Se sua tendência é responder de forma negativa, como "Não tão bom", "Normal, acho" ou "A mesma porcaria de sempre", seu metaestado é de afastamento.

Sempre fico surpreso quando pergunto a alguém como está e ouço: "Podia ser pior" ou "Mais ou menos", e ouço outras pessoas dizerem: "Ótimo!" ou "Não podia ser melhor". Vê os metapadrões de avanço e afastamento?

Também é possível se perguntar como decidiu comprar ou alugar sua última casa. Responda em voz alta, se puder. Se responder que optou por ela porque tem uma bela vista com um quintal grande, árvores antigas e graciosas, ou algo mais positivo, seu metaestado é de avanço para uma opção. Se responder que foi a melhor de um monte de coisas ruins ou que gostou, mas que se arrependeu porque a sala é muito pequena, seu metaestado é de afastamento.

Ou pergunte a si mesmo como decidiu comprar seu último carro. Se responder que era o único pelo qual podia pagar, seu metaestado é de afastamento. Se descrever todas as vantagens dele, é de avanço.

Recentemente, perguntei a uma amiga o que ela esperava de um parceiro. Ela passou quase meia hora dizendo o que não queria em um homem. Não queria alguém que fosse pobre, que não lhe desse atenção, que não passasse muito tempo com ela e que não fosse alto, moreno e bonito. Entendi o que ela não queria, mas ainda estava confuso sobre o que queria. Até refiz a pergunta. Foi interessante que ela disse: "Acabei de lhe dizer, não?"

METAPADRÃO DOIS: QUADRO DE REFERÊNCIA

O segundo metapadrão que integra nossa atitude é o *quadro de referência*, que pode ser interno ou externo. Por exemplo, como você sabe quando fez um bom trabalho em um projeto? Se sabe que fez apenas quando outras pessoas lhe dizem isso, seu quadro de referência é *externo*. Se sente que seu trabalho é bom, não importa o que digam, seu quadro de referência é *interno*. Bem óbvio, não?

Eu estava pensando em começar o MBA alguns anos atrás, quando um amigo disse: "Você está louco? Já tem doutorado, é bem-sucedido. Você tem pouco tempo para passar com sua esposa e filhos. Isso é loucura; o tempo que o estudo ocupará não valerá a pena." Percebe o mindset fixo do sujeito?

Essa reação me tocou e me deteve de me inscrever por um tempo. Se você tem um quadro de referência externo, as outras pessoas confundem seu mindset focado em resultados. Se tem um quadro de referência interno, é mais provável que se concentre em seus objetivos.

Para sermos mais focados em resultados, precisamos fortalecer nosso quadro de referência *interno*. Para isso, depois de definir um resultado para si mesmo, avalie todas as ações que realizará em prol desse resultado. Isso o ajudará a resistir a forças externas que possam afastá-lo dele.

Outra maneira de fortalecer seu quadro de referência interno é usar as representações de crenças de que falamos. Acesse novamente a imagem da crença que apoia um resultado que tem em mente.

Por exemplo, se está fazendo MBA, imagine-se cursando o programa com muita facilidade, como o primeiro da turma. Preste muita atenção ao brilho, ao tamanho e à vivacidade da imagem. Agora, volte a pensar em seu resultado: concluir o MBA. Esse resultado ocorrerá se mantiver o foco interno. Então, sempre que ouvir comentários duvidosos, lembre-se da imagem da crença que mostra que você é capaz.

METAPADRÃO TRÊS: VALIDAÇÃO

O terceiro metapadrão se refere à forma como as emoções são *validadas*. Basicamente, diz respeito à forma como nos vemos em relação aos outros. Se só a sua validação importa, talvez você seja um egoísta autocentrado, arrogante, de mindset fixo. Por outro lado, se só a dos outros conta, talvez seja um mártir emocional.

Como esse metapadrão influencia o desenvolvimento de um mindset melhor? Como acontece no caso do quadro de referência externo ou interno, se você precisa das outras pessoas para validá-lo, seu metapadrão tende a sabotar suas chances de permanecer com o mindset focado em resultados e concentrado em seus objetivos e resultados.

Por exemplo, conheci um homem que se prejudicava buscando construir uma empresa de sucesso. Ele foi vítima de sua necessidade de validação pelos outros. Warren Harvey era brilhante e trabalhava pesado. E também era um homem generoso e querido, com quem se podia contar para pedir dinheiro emprestado ou almoçar no café local, se estivesse com problemas.

Seu sonho era ser dono de uma imobiliária e, quando estava com 40 anos, conseguiu. A situação era favorável, os negócios estavam em expansão, e Harvey contratou alguns funcionários de apoio e fechou várias parcerias com indivíduos de cuja companhia desfrutava e que também desejavam grande riqueza. Infelizmente, embora os novos funcionários e parceiros fossem pessoas agradáveis no ambiente profissional, nem todos tinham o brilho ou a ética de trabalho de Harvey. Quando a economia teve uma queda e o mercado imobiliário caiu, Harvey trabalhou mais do que nunca e continuou a obter dinheiro para a empresa. Mas o dinheiro só serviu para sustentar todos os funcionários, que não estavam sendo rentáveis. Nada entrava no bolso de Harvey (embora ele gastasse como se entrasse).

Os anos foram passando, e o padrão se manteve. Não demorou muito para que Harvey se metesse em um buraco financeiro tão profundo que sua esposa teve que trabalhar para ajudar a sustentar a família. Vinte anos depois, ela ainda está trabalhando para ajudar a livrar a família das dívidas, enquanto os negócios de Harvey continuam como antes, empregando inúmeros funcionários que custam muito e que ganham pouco dinheiro, com Harvey trabalhando horas a fio e ganhando somente o básico. Ironicamente, fechar a imobiliária e trabalhar sozinho lhe daria um nível de riqueza que o deixaria bastante confortável, mas ele não consegue fazer isso. Ele se sente responsável pelas pessoas que empregou e não quer decepcioná-las.

Embora a história de Warren Harvey faça parecer que se validar é a melhor opção, o melhor dos dois mundos é encontrar um meio-termo, tendendo à autovalidação. Você não pode nem deve ignorar os outros, mas é importante manter o foco nas próprias metas e resultados.

 A história bíblica de Jó é um bom exemplo. Satanás desafiou Deus, dizendo que seu servo Jó só era leal por causa das grandes bênçãos que Deus lhe concedera. Deus tirou todas as suas bênçãos e permitiu que Satanás tornasse a vida de Jó um inferno. Os filhos de Jó morreram, sua riqueza desapareceu e ele foi atingido pelas doenças mais miseráveis que um ser humano poderia ter. A esposa dele lhe disse para amaldiçoar Deus. Mas Jó permaneceu leal, provando que era um servo fiel, não apenas por causa de suas bênçãos. Sua riqueza foi restaurada, e ele acabou tendo mais filhos. Se Jó se validasse, exclusivamente, teria definido sua autoestima apenas pelo que tinha. Mas como se validava em função de seu relacionamento com Deus, sobreviveu aos infortúnios que teve que suportar.

 Aqui estão algumas perguntas para determinar se você se valida com base nos outros ou em si mesmo: do que mais gosta no seu trabalho? Se responder que paga bem, tem um horário flexível ou der outro motivo voltado para si mesmo, valida-se por si mesmo. Por outro lado, se gosta do seu trabalho porque gosta de conhecer novas pessoas, provavelmente precisa da validação alheia.

 Da mesma forma, você gosta de trabalhar com outras pessoas ou sozinho? Se responder "sozinho", provavelmente se valida. O oposto é verdadeiro se trabalha melhor com os outros. Lembre-se de que precisar ser validado por outras pessoas atrapalha seus esforços para atingir seus objetivos. Se este é o seu caso, elas podem desencorajá-lo a manter o mindset focado em resultados. Afinal, se tem um prazo para concluir um projeto, mas alguém questiona por que e diz que não é tão importante, a validação alheia atrapalha.

METAPADRÃO QUATRO: NECESSIDADE OU POSSIBILIDADE

O quarto metapadrão que afeta nossa atitude é a tendência a ser motivado por *necessidade* ou *possibilidade*. Aqui está uma história emocionante sobre uma garotinha com um mindset focado em resultados claramente motivada por possibilidade, não necessidade:

> *Sarah, dez anos, usa órtese em tempo integral, porque nasceu sem um músculo no pé esquerdo. Ela chegou a sua casa em um lindo dia de primavera para contar ao pai que acabara de competir em um dia que a escola dedica a corridas e a outros eventos competitivos.*
>
> *Por causa da órtese, a mente do pai disparou ao pensar em um incentivo para Sarah, em algo para dizer que não a deixasse triste. Antes que conseguisse falar, ela disse: "Papai, venci duas corridas!"*
>
> *O pai não conseguia acreditar! E então Sarah disse: "Tive uma vantagem."*
>
> *Ah... O pai entendeu. Ele imaginou que lhe deixaram sair antes ou que recebera outro tipo de vantagem física.*
>
> *Mas, novamente, antes que pudesse dizer qualquer coisa, Sarah disse: "Papai, eu não saí antes. Minha vantagem foi que eu tive que me esforçar mais!"*

Uma boa maneira de descobrir como alguém está motivado é perguntar por que comprou/alugou sua casa. Se disser que precisava de uma casa de cinco quartos porque tem quatro filhos ou porque precisava de um escritório para trabalhar, está motivado pela necessidade. Da mesma forma, os proprietários de station wagons [peruas] e motoristas de van são mais motivados por necessidade, enquanto aqueles que dirigem Corvettes e Porsches, por possibilidade.

Em geral, as pessoas de possibilidade são menos motivadas pelo que *têm* que fazer do que pelo que *querem*. Elas veem uma grande variedade de escolhas, experiências e opções na vida. Estão muito interessadas em saber o que *podem* ter, e não o que *deveriam*.

Em termos de mindset e capacidade de trabalhar pesado o suficiente para alcançar seus resultados, é bom ter uma mistura dos dois tipos de motivação. Embora seus objetivos devam levar em conta a necessidade de permanecer comprometido, também devem incluir o metapadrão de pensar em termos de possibilidades — buscando novas maneiras de alcançar seus resultados mais rápido.

METAPADRÃO CINCO: ESTILO DE TRABALHO

O quinto e último tipo de metapadrão envolve seu estilo de trabalho e se divide em três tipos. O primeiro é *independente*; o segundo, *cooperativo*; e o terceiro diz respeito à *proximidade*.

1. **Independente**. O metapadrão independente é visto naqueles que se divertem bastante trabalhando por conta própria. Essas pessoas gostam de trabalhar sozinhas e recebem todo o crédito por isso. Elas querem mais liderar um grupo do que participar dele. E são pouco receptivas a trabalhar com os outros.

2. **Cooperativo**. Indivíduos com um metapadrão cooperativo querem fazer parte de um grupo que toma decisões. Querem compartilhar responsabilidades e atividades. Eles têm menos chances de tomar decisões por conta própria; preferem chegar a um acordo com os outros antes de se comprometerem.

Por exemplo, se um de seus objetivos é ler todas as noites, mas seu metapadrão inclui um mindset cooperativo e interpessoal, você não gosta de passar muito tempo sozinho. Uma solução é ler por uma hora todas as noites antes de se juntar aos amigos.

Consideremos outro exemplo: todo mês de janeiro, esquio com cerca de 40 médicos dos EUA da Blue River Trauma Society (BRTS). Entramos de helicóptero na cordilheira acidentada da Colúmbia Britânica, chamada Cariboos. Você precisa ser um esquiador avançado ou especialista para se arriscar nesse tipo de aventura, mas todos os médicos do grupo passam momentos maravilhosos. Um dia, um dos médicos quis entrar no alojamento porque estava muito frio. Ele reclamou um pouco e poderia ter entrado a qualquer momento, mas quis que as outras quatro pessoas no helicóptero concordassem em encerrar o dia. Foi muito engraçado ver o metapadrão cooperativo bem diante dos meus olhos.

3. **Proximidade.** Este metapadrão é uma mistura dos dois primeiros. Essas pessoas gostam de trabalhar com outras, mantendo o controle sobre um projeto. Se este é seu metapadrão, sua atitude tende a ser influenciada pelos projetos em que trabalha.

Um bom exemplo do metapadrão de proximidade vem novamente do grupo BRTS. O líder é um cirurgião ortopédico chamado John Campbell, de Bozeman, Montana. Ele é membro e organizador. É divertido vê-lo implicar com o que, em muitos momentos, parece uma fraternidade malcomportada. No entanto, ele ainda se diverte nas atividades do grupo.

Este metapadrão de proximidade inclui o melhor dos dois mundos. Você gosta da companhia dos outros, mas é capaz de administrar as situações e de simplesmente ficar sozinho.

Essas informações sobre metapadrão começaram a fazer sentido? Vamos testar e ver como aplicá-las. Pense nos três presidentes dos EUA anteriores a Trump, começando com Barack Obama. Quais metapadrões se aplicam a ele? Possivelmente independente: ele não gostava de trabalhar com líderes do congresso. Minha filha Stacey, que foi secretária de relações-públicas e chefe de gabinete do Congresso, disse que Obama usava um telefone e uma caneta porque tinha problemas em trabalhar com outras pessoas para obter consenso.

George W. Bush: quais metapadrões você acha que ele mostrava? Ele parecia se aproximar ou se afastar dos problemas? Isso é discutível, mas ele parece se afastar de muitas questões divisórias no início de sua presidência, até que o terrorismo entrasse em cena. Então avançou, como diz o velho ditado: "Com a cara e a coragem."

Aqui está uma mais crítica: durante os escândalos de Bill Clinton, você acha que ele se validou por si mesmo ou por outras pessoas? Ele parecia observar as pesquisas com muito cuidado no auge de seus problemas, principalmente em relação a Monica Lewinsky. Ele também parece ter ficado confiante após uma pesquisa mostrar que o povo norte-americano não queria impeachment por causa de um caso extraconjugal. Certa ou errada, a validação alheia fez com que ele resistisse aos pedidos de renúncia.

Por fim, acha que Ronald Reagan seguia um metapadrão independente ou de proximidade? Os historiadores presidenciais dizem que ele ficava confortável diante de multidões, mas não gostava das reuniões diárias no gabinete. E também era famoso por centralizar grande parte da responsabilidade por vários trabalhos governamentais em seu gabinete. Apesar disso, ninguém dizia que ele não era um grande líder. Pelo contrário, argumentavam que, às vezes, a liderança se manifesta na motivação de grandes grupos, não nas interações com uns poucos.

Já deve ser evidente que os metapadrões têm uma grande influência no mindset que desenvolvemos e mantemos. Por esse motivo, ou as abordagens de atitude e crença que adotamos precisam se adequar bem aos metapadrões que possuímos, ou precisamos alterá-los para acomodar o mindset que desejamos.

A boa notícia é que é possível alterar nossos metapadrões ao distorcer, excluir ou generalizar as informações recebidas. De qualquer maneira, todos fazemos isso em algum nível, pois lidamos com várias situações. Por que não fazer isso conscientemente, para desenvolver e manter o mindset que deseja? Como George Bernard Shaw disse: "Se não consegue se livrar do esqueleto no seu armário, é melhor ensiná-lo a dançar."

Por exemplo, se seu metapadrão é aquele em que tende a se validar, mas uma amiga terá uma grande festa com o pessoal do escritório e quer que a acompanhe, você pode *distorcer* as informações que causam ansiedade dizendo a si mesmo: "Não serei a única pessoa nesta festa que não gosta de eventos sociais. Haverá mais alguém no canto ou na cozinha, e poderei escapar quando precisar de um descanso."

Em outro exemplo, digamos que você seja um indivíduo com um metapadrão de afastamento, cujo resultado desejado é cursar o MBA, e leu em um artigo que isso já não é mais tão importante para conseguir um emprego melhor. Sua resposta automática pode ser: "Por que estou me matando para trabalhar em um emprego de oito horas e ir para a aula ao mesmo tempo?"

Em vez disso, *exclua* as informações que reforçam seu metapadrão e lembre-se de que sempre haverá grandes oportunidades para pessoas qualificadas, mais agora do que nunca.

Da mesma forma, se estiver com problemas para manter a dieta, exclua essa informação específica e diga para si mesmo que um pequeno sacrifício agora não será nada comparado à alegria que terá com um novo corpo após alguns meses de dieta.

Você também pode *generalizar* as informações recebidas para alterar um metapadrão específico. Por exemplo, se o seu quadro de referência for externo, e sua esposa tiver uma reunião de negócios fora da cidade pelo segundo fim de semana consecutivo, não diga a si mesmo: "Tem algo de estranho! Não acredito que ela vai viajar de novo em tão pouco tempo! O que vou fazer?"

Em vez disso, diga a si mesmo: "Apesar de ser estranho, isso não acontece com frequência e significa que ela está indo muito bem na empresa. Estou orgulhoso dela e sei que também sentirá minha falta, mas esta será uma boa chance para que eu faça um trabalho necessário em casa."

Demora um pouco para adquirir o hábito de trabalhar com nossos metapadrões. Situações traumáticas, embora indesejáveis, podem surgir no caminho e nos ajudar a mudar nossos metapadrões rapidamente, como ilustra a seguinte história:

> *Um tempo atrás, um homem puniu a filha de cinco anos por desperdiçar um caro rolo de papel de presente dourado. O dinheiro estava apertado, e ele ficou chateado quando a criança embrulhou uma caixa para colocar debaixo da árvore de Natal.*
>
> *No entanto, a menina levou o presente para o pai na manhã seguinte e disse: "Isto é para você, papai."*
>
> *O pai ficou envergonhado pela reação que tivera, mas sua raiva aumentou novamente quando viu a caixa vazia. Ele falou com a criança de maneira rude: "Você não sabe, mocinha, que quando dá um presente a alguém deve haver algo dentro do pacote?"*

A garotinha olhou para ele com lágrimas nos olhos e disse: "Papai, não está vazio. Soprei beijos até ficar cheio."

O pai ficou arrasado. Ele caiu de joelhos, abraçou a garotinha e implorou que ela o perdoasse pela raiva desnecessária.

Um acidente tirou a vida da criança pouco tempo depois, e dizem que o pai se transformou para sempre. Ele manteve a caixa dourada ao lado da cama pelo resto de sua vida. Sempre que se desanimava ou enfrentava problemas desafiantes, abria a caixa, recebia um beijo imaginário e se lembrava do amor que a filha colocara ali.

USANDO METAPADRÕES COM SUCESSO

Independentemente de quais metapadrões você demonstre, para usá-los com sucesso, lembre-se das quatro dicas a seguir:

1. Reconheça quais metapadrões você possui. Por exemplo, se tem metapadrão de avanço, pensar em um ótimo corpo é uma maneira melhor de emagrecer do que pensar em perder peso. Se seu metapadrão é de afastamento, pensar em perder peso é uma maneira mais eficaz de alcançar seu resultado.

2. Use seu quadro de referência, interno ou externo, para viabilizar sua meta e resultado. Por exemplo, se seu quadro de referência for externo, é uma boa ideia dizer a si mesmo que você seria um ótimo candidato a um programa de perda de peso, devido à sua preocupação com as opiniões das outras pessoas.

3. Mude seus sistemas de crenças para utilizar melhor os metapadrões que já tem. Como você já deve imaginar, mudá-los é um desafio. Se seu metapadrão é de avanço e os resultados da

sua dieta se concentrarem na perda de cinco quilos, haverá um conflito. Para tornar seus metapadrões e resultados coerentes, acredite em sua capacidade de comer nas principais refeições em vez de em momentos diversos. Esta é uma maneira de modificar o resultado para usar melhor o metapadrão existente.

4. Monitore-se pelo seu programa de mudança de mindset. Certifique-se de focar as informações que viabilizam seu metapadrão mais eficaz. Por exemplo, se seu quadro de referência tende a ser externo, não deixe que outras pessoas o desanimem. Se é interno, você pode se afastar um pouco dos outros e não lhes contar seus objetivos.

Costumo me afastar, em vez de avançar. Outro metapadrão meu é o de necessidade, e não de possibilidade. Durante o período final dos meus estudos de MBA, achei o curso de contabilidade gerencial tão desafiante que pedi ajuda ao meu contador. John me deu uma definição de mindset fixo. Ele disse que existem dois tipos de pessoas no mundo: aquelas que têm talento para números e aquelas que não. Ele me aconselhou a abandonar o curso até que tivesse tempo de cursar outro pré-requisito, mas eu tinha investido muito tempo e problemas nele. Tirar um 10 no curso não me motivou, mas um 2, sim. Quando percebi o quão perto estava de fracassar, tomei uma atitude, estudando quase 12 horas por dia até a prova final. Acabei com 10 na matéria, mas não porque quisesse me sair bem. Eu queria evitar o fracasso. Estava usando o metapadrão de afastamento.

Conhecer meus metapadrões permite que eu me concentre no que me atrai naturalmente. Por exemplo, existem alguns objetivos na vida que quero atingir. Isso inclui um melhor saque e forehand no tênis. Há também alguns problemas dos quais quero me afastar. Isso inclui multas de trânsito, atrasos nos voos e problemas de comportamento dos meus filhos. Da mesma forma, adoro palestrar para grupos, mas odeio voos de companhias aéreas. As empresas estão cada vez mais hostis com os passageiros, a segurança é mais rigorosa e está se tornando loucura ter que passar 90 minutos esperando para passar por uma linha de segurança, principalmente em Chicago e Newark.

Seria fácil dizer que minha carreira exige muito de mim. (Reconhece o metapadrão de afastamento?) Em vez disso, distorço as experiências das companhias aéreas para me lembrar dos ótimos lugares para os quais viajo e das pessoas maravilhosas com quem tenho o privilégio de conversar. Esta citação de Winston Churchill me ajuda quando fico tentado a abandonar situações e eventos fora do meu controle: "Um pessimista vê a dificuldade em todas as oportunidades; um otimista vê a oportunidade em todas as dificuldades."

Na análise final, é bom estar ciente dos seus metapadrões por uma razão primordial: você pode adaptá-los para trabalhar a seu favor, e não contra você, como o jovem executivo da história a seguir conseguiu fazer.

> *Um executivo jovem e bem-sucedido passava por uma rua do bairro, como de costume, indo um pouco rápido demais em seu novo Jaguar. Ele adorava dirigir rápido, adorava a adrenalina que isso lhe dava. Ele prestava atenção a crianças saindo de carros estacionados e desacelerou quando pensou que viu algo.*
>
> *Quando seu carro passou, nenhuma criança apareceu. Em vez disso, um tijolo bateu na porta lateral do Jaguar. O homem pisou no freio e retornou até o local onde o tijolo fora jogado.*
>
> *O motorista furioso saiu do carro, pegou o garoto mais próximo e o empurrou contra um carro estacionado, gritando: "O que foi aquilo? O que diabos você está fazendo?*

Este carro é novo, e o tijolo que você jogou vai custar muito dinheiro. Por que fez isso?"

O garoto se desculpou. "Por favor, senhor... Por favor, desculpe. Eu não sabia mais o que fazer. Joguei o tijolo porque ninguém parava."

Com lágrimas escorrendo pelo rosto, o jovem apontou para um ponto ao redor de um carro estacionado. "É meu irmão", disse ele. "Ele saiu do meio-fio e caiu da cadeira de rodas, e não consigo levantá-lo."

Agora soluçando, o garoto perguntou ao executivo atordoado: "Você pode me ajudar a colocá-lo de volta na cadeira de rodas? Ele está machucado e é muito pesado para mim."

Sem palavras, o motorista engoliu em seco. Colocou apressadamente o garoto deficiente de volta à cadeira de rodas, depois tirou o refinado lenço e enxugou os novos arranhões e cortes. Com uma rápida olhada, viu que tudo ficaria bem.

"Obrigado e que Deus o abençoe", disse a criança agradecida ao estranho.

Abalado, o homem simplesmente observou o menino empurrar o irmão de cadeira de rodas pela calçada em direção à casa deles.

Foi uma caminhada longa e lenta de volta ao Jaguar. O dano foi muito perceptível, mas o motorista nunca se preocupou em reparar a porta lateral amassada. Ele sabia que precisava manter o amassado ali para nunca se esquecer da mensagem: não passe pela vida tão rápido a ponto de alguém ter que jogar um tijolo em você para chamar sua atenção.

Ah, metapadrões. Pensar em quais são seus metapadrões e adquirir o hábito de usá-los de forma vantajosa para obter maior autodisciplina exige um pouco de esforço, mas compensa em longo prazo.

TAREFAS: USANDO METAPADRÕES PARA APRIMORAR SEU MINDSET

1. Identifique seus cinco metapadrões e avalie-os para descobrir quantos apoiam as metas e os resultados que deseja.
2. Pense em seus valores e objetivos e crie três resultados novos ou modificados, que se adéquem perfeitamente aos metapadrões que possui.
3. Pense na possibilidade de alterar seus metapadrões para alcançar com sucesso seus objetivos de autodisciplina. É possível fazer isso? O que especificamente é preciso fazer?

LOCUS DE CONTROLE

O *locus de controle* o ajudará a descobrir se seu mindset é afetado por coisas externas, que lhe acontecem, ou se consegue controlar seu ambiente. Você é controlado por forças internas ou externas? Reage ao que acontece ao redor?

Muitos treinadores acreditam que a repetição contribui para o desenvolvimento de um mindset de sucesso. Eu concordo. Se fizer algo repetidas vezes, desenvolverá mais confiança. Não estamos falando de falsa autoconfiança — como se meter a pilotar um 747 sem nenhum treinamento —, mas de autoconfiança racional, quando você tem que entrar no que um de meus amigos chama de "águas revoltas". Mas a repetição, embora seja importante, precisa se embasar em metas e resultados. (Adiante, falaremos sobre a diferença entre metas e resultados, e por que experimentar uma meta antes de alcançá-la é muito melhor do que estabelecê-la.)

O mindset interno, em geral, cria ansiedade e estresse. Muitas vezes, cria emoções negativas para quem participa de eventos esportivos e performances de palco, e até mesmo discursa. Esse tipo de estresse é chamado de *ansiedade de desempenho*. Há quatro medos relacionados à ansiedade de desempenho: *medo de rejeição*, *medo de parecer tolo*, *medo de fracassar* e até *medo de sucesso*. Quem temeria o êxito? O problema é que muitos de nós nos sabotamos quando temos muito sucesso. Isso parece muito estranho, mas falaremos sobre como gerenciar e aliviar esses medos.

> *Havia um executivo corporativo que estava profundamente endividado e não conseguia se livrar da situação. Os credores o pressionavam. Os fornecedores exigiam pagamento. Ele estava sentado no banco de um parque, cabeça apoiada nas mãos, imaginando se haveria salvação da falência para sua empresa.*
>
> *De repente, um velho apareceu diante dele. "Vejo que há algo incomodando você", disse ele.*
>
> *Após ouvir as angústias do executivo, o velho disse: "Acredito que posso ajudá-lo."*
>
> *Ele perguntou o nome do homem, escreveu um cheque e o colocou em sua mão, dizendo: "Pegue este dinheiro. Encontre-me aqui exatamente daqui a um ano, e você me pagará."*
>
> *Então ele se virou e desapareceu tão rapidamente quanto surgira. O executivo viu em sua mão um cheque de US$500 mil, assinado por John D. Rockefeller, um dos homens mais ricos do mundo na época!*

> "*Posso resolver meus problemas agora!*", percebeu o executivo. *Mas, em vez disso, ele decidiu colocar o cheque no cofre. Só o fato de saber que estava lá lhe daria forças para encontrar uma maneira de salvar seus negócios, pensou ele.*
>
> *Com o otimismo renovado, ele negociou melhores acordos e condições de pagamento estendidas. Fechou várias grandes vendas. Dentro de alguns meses, livrou-se das dívidas e voltou a ganhar muito dinheiro. Exatamente um ano depois, ele voltou ao parque com o cheque. Na hora combinada, o velho apareceu. Mas, quando o executivo estava prestes a devolver o cheque e compartilhar sua história de sucesso, uma enfermeira chegou correndo e agarrou o velho.*
>
> "*Estou tão feliz que o encontrei!*", *chorou ela.* "*Espero que ele não o tenha incomodado. Está sempre fugindo da casa de repouso e dizendo às pessoas que é John D. Rockefeller.*"
>
> *E ela levou o velho pelo braço.*
>
> *O executivo ficou parado, atordoado. Durante todo o ano, ele negociou, comprou e vendeu, convencido de que tinha meio milhão de dólares como respaldo.*
>
> *De repente, percebeu que não era o dinheiro, real ou imaginário, que mudara sua vida. Fora sua recém-descoberta autoconfiança que lhe dera o poder de alcançar tudo o que procurava.*

É isso que um mindset eficaz representa. É como saber que você tem US$500 mil no bolso para salvá-lo, mas que nunca precisará depositar o cheque. Não seria bom ter esse tipo de confiança?

6

Metas e Resultados

Um dos melhores benefícios de um mindset focado em resultados é a capacidade de atingir objetivos. Alan Kay, cientista da computação, disse: "A melhor maneira de prever o futuro é inventá-lo." Se conhece seus valores, é capaz de estabelecer metas de acordo com o que considera importante. Você minimiza o conflito e o desconforto ao atingir esses objetivos, porque trabalhará no que realmente deseja, no desejo da sua alma.

Mas como as pessoas bem-sucedidas estabelecem metas e como você pode usar o mindset focado em resultados para atingir seus objetivos? A resposta é seccioná-los em partes gerenciáveis.

SEÇÕES

No início, os objetivos intimidam. Você quer alcançar grandes objetivos e estabelecer metas audaciosas, mas não sabe por onde começar. Como se chega a um destino? Com um passo de cada vez. A técnica de seccionar é uma grande ajuda. Há duas maneiras de usá-la. *Categorizar* é uma maneira de dividir os principais conceitos em pequenos pedaços de informação. Por exemplo, dividir a categoria "animal" em uma menor significa dividi-la em "marsupiais", "aves" ou "roedores". Para categorizar o tópico "máquina", divida-a em componentes menores, como "carro" ou "computador".

A *ampliação* é o contrário: expandir algo de uma categoria específica para uma mais ampla. Ampliar "carro" representa expandi-lo para "transporte" ou "viagem". Ampliar "ansiedade", generalizar para "desconforto psicológico".

Seccionar é importante porque organiza suas metas em um plano específico. Lembro-me de quando estava na faculdade: meu objetivo era fazer doutorado e me tornar médico. Mas fiquei sobrecarregado com o primeiro. Se eu conhecesse o conceito de seccionar, teria organizado minha vida para fazer o doutorado em três anos; e começado medicina depois. Eu teria trabalhado em retrospectiva, mês a mês, realizando o que era necessário para atingir objetivos ainda maiores.

Você pode usar o conceito de seccionar para alcançar objetivos mais abstratos também. Embora a generosidade pareça bastante intangível, um desenvolvedor chamado William Lyon tornou tangível o suficiente para alcançá-la por meio da Orangewood Childre's Home, um refúgio para crianças molestadas e abusadas em Orange County, Califórnia. Lyon doava mais de US$250 mil por ano a essa instituição.

Embora não tenha encarado dessa maneira, Lyon pegou seu princípio de generosidade e o classificou no objetivo tangível de doar uma quantia específica. Ele então seccionou seu objetivo novamente à ação muito específica de dar dinheiro a uma única instituição de caridade, a Orangewood Children's Foundation.

Suponhamos que um objetivo grande e audacioso para você seja trabalhar no setor da beleza. Se seccioná-lo, pode pensar no objetivo menor de se tornar esteticista. Você pode se aprofundar ainda mais se inscrevendo em um programa de cosmetologia de dois anos, no qual aprenderá a fazer penteados e vários outros segredos de beleza.

Lembro-me de anos atrás, quando eu queria ficar famoso. Eu tinha 14 anos e fui com um amigo a um show de Herb Alpert, na arena de San Diego. No final da década de 1960, o grupo de Alpert, o Tijuana Brass, estava entre os mais populares do país. Quando entrei na arena, fiquei chocado ao ver pelo menos 10 mil fãs lotando os assentos. Sentado lá, fiquei obcecado pela ideia de um dia ser alguém especial. Eu não queria ser apenas mais um rosto desconhecido na multidão. Queria me aproximar de um grande grupo de pessoas e ser reconhecido.

É interessante. Muitos anos depois, dediquei-me a escrever livros e palestrar pelo mundo. Provavelmente, resultado do que aconteceu naquela arena esportiva. Seus valores e crenças permanecem com você. Eles se tornam parte do seu inconsciente, direcionando muito do que faz todos os dias.

Isso faz sentido. Pense em todos os objetivos que queria alcançar, mas não tinha o mindset propício. Muitas vezes, o motivo que o fez desistir foi que seus objetivos não estavam alinhados com suas crenças e valores. Eles não eram importantes o suficiente para você, porque não acreditava neles o suficiente.

Lembro-me de, anos atrás, ter sido pressionado a jogar basquete por causa da minha altura. Eu queria fazer parte da equipe, mas não tinha motivação para praticar tanto quanto os outros. Previsivelmente, fui cortado. Embora eu tenha dito o contrário, fazer parte do time não valia o sacrifício necessário para ser um bom jogador. Eu não tinha um mindset focado em resultados. Quando fui cortado, interpretei como uma afronta à minha capacidade e culpei o treinador por não gostar de mim.

Parte do desenvolvimento de um mindset focado em resultados é alinhar seus desejos com sua disposição a se esforçar. É fácil desistir daquilo que você não queria muito. Isso, por sua vez, gera desânimo e vai contra o mindset eficaz. Da mesma forma, é difícil se disciplinar para obter melhores notas na faculdade se nunca desejou obter um diploma universitário. É igualmente difícil perder peso, não importa quantos livros sobre dieta leia, se um corpo esbelto não valer o esforço para você. E não importa quantas vezes diga aos outros que realmente deseja passar mais tempo com sua família, se não valorizar isso o suficiente, não organizará sua vida profissional para ficar mais tempo em casa.

Não é fácil alcançar metas que se opõem a seus valores. Os objetivos são importantes, mas os valores são sua base fundamental. Se os valores e crenças subjacentes a seu mindset são instáveis, seus objetivos também serão.

De acordo com uma pesquisa recente, 52% dos executivos disseram que se soubessem, no início de suas carreiras, que ainda estariam nos empregos atuais, nunca nem teriam iniciado essa carreira. Segundo um estudo, 83% das pessoas não gostam de seus empregos e desistiriam dele por melhores oportunidades.

OS QUATRO PRINCIPAIS ELEMENTOS DA DEFINIÇÃO DE METAS

Você está pronto para definir metas alcançáveis? Há quatro pontos principais a serem lembrados. São eles:

1. Seja específico. Pense em objetivos tangíveis e específicos nos quais possa trabalhar, como: "Quero concluir uma graduação em cinco anos" ou "Quero ser gerente de nível superior na empresa em que trabalho daqui a cinco anos". O desejo de ser bem-sucedido é um objetivo comum, mas o sucesso é diferente para cada um. É preciso descobrir o que é mais importante para você. Em seguida, divida a meta em partes pequenas. Encontre palavras e frases específicas para descrevê-la.

Da mesma forma, use critérios mensuráveis para definir se alcançou ou não seus objetivos. Não se preocupe se seus objetivos parecerem muito grandes. Não há objetivos irrealistas, apenas prazos irrealistas. Parece clichê, mas é melhor planejar algo grande e falhar do que se nivelar por baixo.

2. Programe metas de curto (para o futuro próximo), médio (para os próximos três a cinco anos) e longo prazo (para, pelo menos, cinco anos). Desenvolva um plano de longo prazo. Em seguida, defina metas de médio e curto prazo para chegar lá. Quando me consultei com a New York Life Insurance Company, no início dos anos 1980, perguntei a um vendedor um objetivo que o motivasse. Ele disse: "Ser feliz." Disse a ele para escrever três conquistas específicas que contribuíam para seu sentimento de felicidade. Ele adquiriu um Mercedes 560SEL e US$100 mil em investimentos líquidos. Também queria estar em casa às 17h todos os dias para brincar com os filhos.

3. Esteja disposto a fazer o necessário para alcançar seus objetivos. Se seu objetivo é ler um livro toda semana, separe um tempo para fazê-lo. Isso pode significar assistir menos à TV, usar transporte público ou dormir menos à noite. Você pode fazer isso? Está disposto?

Meu irmão, Kevin, comercializa vídeos de treinamento de vendas e de pessoal para pequenas e médias empresas. Ele é um líder brilhante, que consegue extrair desempenhos excepcionais de pessoas medíocres. Um vendedor, Robert, tinha potencial para ganhar mais dinheiro do que jamais sonhara. O problema era que ele passava dias bebendo e consumindo drogas. Kevin deu avisos que ele ignorou e acabou demitindo-o. Por duas semanas, Robert implorou para ter o emprego de volta. Kevin sentiu pena do rapaz e o contratou novamente. Mas também deixou claro que, se aquele comportamento continuasse, ele não teria outra chance.

Em um mês, Robert se envolveu novamente com bebidas e drogas. Ele não foi trabalhar por três dias. Kevin perguntou-lhe por que estava abrindo mão de um emprego que tanto desejava. Robert admitiu que seu mindset não lhe permitia dizer não aos amigos. Este é outro exemplo de mindset fixo. Seus amigos eram tudo o que tinha. Ele não possuía um mindset que o motivasse a melhorar, muito menos amigos estáveis que o ajudassem a alcançar seus objetivos. Sem um mindset focado em resultados, ele não conseguiria ficar sóbrio em longo prazo. Robert não estava disposto a arriscar a rejeição imediata dos amigos em prol de um prazer maior depois. Por causa do mindset ruim, estava vulnerável à influência de amigos ruins.

4. Busque desenvolver um mindset focado em resultados para alcançar o que deseja. Como Henry Ford disse: "Obstáculos são aquelas coisas terríveis que você vê quando desvia os olhos do seu objetivo." Sem a confiança em sua capacidade de consolidar seus sonhos, você só tem aspirações que nunca se tornam reais. Uma maneira de manter um mindset colaborativo é ter representações de seus objetivos. Por exemplo, quando eu jogava tênis profissional, um jogador me confidenciou que carregava uma foto do troféu do US Open na carteira. Todas as manhãs ele a pegava e olhava para ela durante o café da manhã. Isso o ajudava a permanecer motivado pelo resto do dia.

Separe uns minutos todos os dias para revisar fotos de seus objetivos, para mantê-los sempre em mente. Dessa forma, você faz um balanço do seu progresso e aplica correções para mantê-lo no caminho de seu objetivo.

FOCO EM RESULTADOS

Se uma *meta* é definida como um objetivo que deseja atingir até determinada data, um *resultado* é um objetivo que experimenta antes de alcançá-la. São objetivos que se podem ver, ouvir e sentir. Enquanto uma casa nova é uma meta; tetos abobadados, uma cozinha em cerejeira e uma varanda com vista para o oceano são um resultado.

Um dos meus mentores, Jeannie LaBorde, definiu a diferença entre metas e resultados da seguinte maneira: metas e objetivos são como uma caixa de lápis recém-aberta. Os resultados, por outro lado, são os mesmos lápis, mas afiados e em uso. Aqui está uma abordagem de cinco etapas para criar resultados:

1. Concentre-se em um resultado tangível.
2. Seja positivo com a forma como planeja seus resultados.
3. Sinta e perceba como você se sentirá quando alcançar seus resultados.
4. Verifique se eles se alinham aos resultados das pessoas que são importantes para você. Use o conceito de mindset extrovertido neste ponto.
5. Certifique-se de que seus resultados incorporem objetivos de curto, médio e longo prazo.

Vamos observar melhor a primeira etapa. Por exemplo, se seu objetivo é ficar rico, especifique seu resultado calculando quanto dinheiro o tornará rico. Mais especificamente, se o objetivo é gerar uma renda de seis dígitos, o resultado pode ser ganhar um salário anual de US$101.500. Você também precisa visualizar e vivenciar como será ganhar mais de US$100 mil em renda.

Se sua meta é ter uma vida familiar melhor, seu resultado pode ser passar pelo menos uma hora por dia com seu cônjuge e filhos.

Se seu objetivo é se tornar mais instruído, o resultado pode ser concluir um MBA em três anos. Imagine-se de terno em uma grande empresa.

A segunda etapa para alcançar resultados é ser positivo a respeito do que deseja. Ouvi uma mãe divorciada dizer: "Meu objetivo é impedir que meu ex-marido fique com a guarda do meu filho." Reconheceu o metapadrão de afastamento? Este não é o resultado ideal, porque essa pessoa pode acabar causando sofrimento, não apenas para si mesma, como para o filho. Um resultado mais positivo seria: "Meu objetivo é fazer com que meu filho tenha uma vida familiar sólida e estável." É mais fácil obter resultados positivos e evitar conflitos em outros aspectos de sua vida.

Outro tipo de resultado positivo ocorre quando você trabalha com algo em que as pessoas acreditam. Tome como exemplo o tabagismo. Outras pessoas, além de compartilhar seu objetivo de abandonar o vício, podem incentivá-lo e ajudá-lo a permanecer motivado enquanto se dedica a atingir seu objetivo.

A terceira etapa é perceber como você se sentirá quando alcançar seus resultados. Como já vimos, pesquisadores renomados de linguagem, neuroprocessamento e psicolinguística descobriram que as pessoas pensam principalmente usando um dos três sentidos: visão, som e sentimentos. É fácil aplicar essas informações na terceira etapa.

Por exemplo, se seu objetivo é ficar rico, e o resultado desejado, ganhar $300 mil no próximo ano, visualize esse valor em notas novas azuis, em um saco carimbado pelo seu banco. Ou, ao passar os dedos por essas notas, ouça seu som, como se fossem um baralho. Ou você pode imaginar suas bordas levemente ásperas e reparar que o papel é um pouco mais poroso do que o das folhas de caderno. Dessa forma, você verá, ouvirá e sentirá o resultado desejado antes de alcançá-lo.

Você não pode fazer isso com as metas. As metas são simplesmente coisas que deseja alcançar, enquanto os resultados são a forma de experimentá-las antes de se esforçar para alcançá-las.

A quarta etapa para alcançar resultados é ter certeza de que seus desejos se adéquam aos valores das pessoas que fazem parte de sua vida. Há pouco tempo, conheci uma mulher que queria gastar dinheiro reformando a casa. O objetivo do marido era se mudar para uma nova casa. Como ele não queria gastar mais dinheiro com a casa em que estavam, seus objetivos estavam em conflito. Se ela tivesse conversado melhor com o marido sobre os resultados desejados, descobriria que ele estava interessado em adquirir uma casa que pudesse revender por um valor maior. Se ela tivesse vendido a ideia da reforma como uma maneira de gerar valor de revenda, os dois chegariam a um consenso.

A quinta etapa para alcançar resultados é criar metas e objetivos de curto, médio e longo prazos. Usemos o cigarro novamente como exemplo. Suponha que queira parar de fumar em três meses. Você pode programar uma verificação para a próxima semana, na qual fumará menos três cigarros por dia, e definir a meta de quantos cigarros fumará ao final dos três meses.

Quando perguntaram ao escultor Auguste Rodin como conseguia criar suas estátuas irretocáveis, ele falou: "Escolho um bloco de mármore e corto o que é desnecessário." Essa pode ser uma boa abordagem para escolher resultados. Faça o que fizer, não copie as técnicas usadas pelas várias agências policiais desta história.

A polícia de Los Angeles, o FBI e a CIA queriam provar que eram os melhores em prender criminosos. O presidente dos Estados Unidos decidiu testá-los. Ele soltou um coelho na floresta e todas as organizações foram orientadas a pegá-lo.

> *A CIA entrou. Colocou animais informantes por toda a floresta. Eles questionaram todas as testemunhas de plantas e minerais. Após três meses de extensas investigações, concluíram que coelhos não existiam.*
>
> *O FBI entrou. Após duas semanas sem pistas, eles queimaram a floresta, matando tudo que havia nela, inclusive o coelho, e não pediram desculpas. O coelho teve o que merecia.*
>
> *A polícia de Los Angeles entrou. Eles saíram duas horas depois com um urso gravemente ferido. O urso estava gritando: "Que seja! Eu sou um coelho! Eu sou um coelho!"*

Há alguns anos, conheci uma mãe estressada que se queixava de todo o trabalho que tinha que fazer e da falta de tempo. Ela sabia o que não queria da vida, mas parecia incapaz de pensar no que *queria*. Perguntei a ela o que mais valorizava, e, é claro, ela disse que eram os filhos. Perguntei quais eram seus objetivos para eles, e ela elencou uma lista: uma boa educação, ser feliz em casa, sentir-se protegido e sentir-se amado o tempo todo.

Pedi que ela me dissesse como saberia se os filhos estavam recebendo uma boa educação. Ela disse que eles estariam no quadro de honra da escola. Perguntei-lhe então como ela garantiria que eles conseguissem isso. Ela disse que, se eles concluíssem os deveres de casa todos os dias, chegariam lá.

Confuso, perguntei como isso a faria se sentir menos estressada. Ela disse que a maior parte de seu estresse era desencadeada quando as crianças chegavam da escola. Elas brigavam e bagunçavam a casa enquanto ela preparava o jantar. Perguntei: "Se eles fizessem a lição de casa todos os dias antes de assistirem à TV, não a atrapalhassem enquanto você prepara o jantar e não brigassem, você se sentiria menos estressada?"

Ela sorriu e disse: "Se você conseguir fazer isso, serei sua amiga por toda a sua vida."

Fui um pouco mais além. Pedi que ela pensasse em como seria a casa dos seus sonhos no final de um dia de trabalho. Ela disse: "Está tudo quieto. Meus filhos estão estudando em seus quartos. Eles aparecem de vez em quando para me fazer uma pergunta sobre a lição de casa e dizem: 'Obrigado, mãe', e voltam ao trabalho. Eu os ouço conversando sem discutir. Depois, peço que venham jantar, e os dois dizem que a lição de casa está pronta." A mulher fez uma imagem mental surpreendentemente detalhada de como sua família feliz aparentava, soava e se sentia.

Descobrir os valores e as metas dessa mãe sobrecarregada de trabalho foi o primeiro passo para criar os resultados que queria em sua vida. Por mais que ainda houvesse muito trabalho, ela estava no caminho certo para fazê-lo — e de fato o fez.

Como essa mulher, você também pode avaliar seus valores, estabelecer metas e concentrar-se nos resultados para alcançar o mindset necessário para fazê-los ganhar vida. Tem um quê de sonho nessa estratégia, mas os sonhos — com um mindset focado em resultados — tornam-se reais.

7

Usando Contratos Comportamentais

Conheço um homem que deixou de fumar, beber, transar e comer besteiras. Ele foi saudável até o dia em que se matou.

— Johnny Carson

Mark e Julie têm um casamento que funciona — para eles. Têm três filhos pequenos. Julie, por opção, é uma mãe que fica em casa. Como já está em casa e Mark não chega antes das 18h, Julie quase sempre prepara o jantar. Ela também limpa a cozinha depois, enquanto Mark brinca com as crianças e as coloca para dormir.

Embora Julie seja capaz de ir à garagem, separar os materiais recicláveis e carregá-los na minivan uma vez por semana, essa função fica com Mark. Ele também enche os alimentadores de pássaros, conserta e cola brinquedos quebrados e leva madeira todas as manhãs para Julie alimentar o fogão a lenha durante o inverno. Ele também varre a casa após levar as cargas de madeira.

Julie faz quase toda a limpeza. Mark leva os baldes pesados cheios de fraldas sujas para a lavanderia quando ela pede e sacode os tapetes mais pesados quando necessário. Mas ela aspira, tira o pó dos móveis e limpa os pisos, paredes, pias e vasos sanitários.

Um amigo deles, que era carpinteiro e passou uns dias em sua companhia durante um projeto de melhoria da casa, comentou com Julie que ela "sem dúvida facilitava tudo para Mark".

Julie ficou surpresa. Ela respondeu: "Ele também faz muitas coisas por mim." As recompensas do sistema deles eram tangíveis para ela: Mark desfrutava de seus esforços em casa, e Julie ficava aliviada por não ter que passar seu tempo trabalhando em escritórios, garagens, consertando brinquedos ou reforçando o isolamento na antiga fazenda — áreas em que ela estava menos interessada e, em alguns casos, era menos versada do que ele.

As recompensas do marido também eram tangíveis: embora soubesse cozinhar e limpar, ele ficava feliz por não ter que se preocupar em fazê-lo. Seus interesses eram outros, e ele podia dedicar seu tempo a eles e voltar para casa, e encontrá-la limpa e agradável, com refeições quentes na mesa todas as noites.

De alguma forma, sem chegar a discutir isso, eles criaram um acordo que funcionava para ambos e estavam conscientes de manter suas responsabilidades.

Branch Rickey, ex-proprietário do time de beisebol do Brooklyn Dodgers, disse uma vez: "A sorte é o resíduo do preparo." Preparar essa sorte pode começar com contratos. Embora Julie e Mark não tenham pensado nesses termos, usavam uma forma tácita de contrato para manter sua casa — e sua satisfação um com o outro — da melhor forma possível.

Os contratos não são novidade para a maioria de nós, pois todos agimos sob algum tipo de contrato, escrito ou verbal. Trabalhar todos os dias para o nosso empregador pode ser um contrato. Combinar com os vizinhos de manter nossos quintais limpos pode ser um contrato tácito. Assim como o entendimento que temos de ser atenciosos e gentis com nossos parceiros, mesmo quando temos um dia ruim.

Embora a maioria de nós tenha um tipo de calcanhar de Aquiles que dificulta a manutenção de um mindset eficaz constante, as leis da sociedade — outra palavra para contratos — ensinam a maioria de nós a assumir a responsabilidade, pelo menos, pelas nossas ações no contexto social.

Um contrato comportamental contribui para a substituição de um mindset fixo e introvertido para um mindset focado em resultados. Você também descobrirá maneiras de se recompensar pelas atividades ou comportamentos que deseja desenvolver, que, por sua vez, ajudarão a alcançar seus resultados e a manter o controle de sua vida.

Se concluir com êxito o contrato comportamental de quatro a seis semanas a seguir, descobrirá que o comprometimento com seus objetivos, bem como com seu prazer e realização na vida, disparará. Não deve demorar mais do que isso, porque, no final desse período, seu novo comportamento se tornará habitual.

Um contrato comportamental é uma promessa ou acordo que você faz para ajudá-lo a se transformar na pessoa que deseja ser (embora o ideal seja envolver outra pessoa, como seu parceiro, para otimizar seu desempenho geral).

Por sua vez, como é comprovado que as recompensas são a maneira mais eficaz de desenvolver novos hábitos ou modificar antigos, você será recompensado por manter sua promessa ou acordo. A maioria das pessoas usa o castigo como motivação para mudar. Embora o castigo seja eficaz para eliminar hábitos, também causa ressentimento e sensações ruins. Basicamente, não é tão eficaz quanto as recompensas.

RECOMPENSANDO A SI MESMO

O valor das recompensas surge cedo em nossas vidas; primeiro, com pequenas coisas. Por exemplo, quando criança, seus pais podem ter-lhe agradecido por ter arrumado sua cama ou guardado seus brinquedos. Eles podem ter demonstrado orgulho por suas realizações na escola ou ter ido aos eventos esportivos em que competiu. Talvez tenham estabelecido momentos de folga regulares, desde que fizesse as lições de casa.

MODELAGEM DO COMPORTAMENTO

Seus pais não pensaram nisso, mas, ao usar recompensas, fizeram a *modelagem do comportamento*. Sua função é adaptar e desenvolver as crianças, e fazer você se disciplinar. Há quatro maneiras de moldar o próprio comportamento.

1. Recompense um comportamento específico.
2. Retenha a recompensa vinculada a um determinado comportamento.
3. Recorra à punição para um comportamento.
4. Use a abordagem de recompensas de forma constante para manter um comportamento.

Vamos vê-las com mais detalhes.

1. **Recompense.** Digamos que queira parar de comer entre as refeições. Fazer dieta não é fácil, porque a comida, em si, é gratificante. Você tem problemas para resistir a ela, então faz um acordo. Se parar de comer em horários inapropriados por uma semana, você se recompensará com um novo vestido ou casaco esportivo.

2. **Retenha a recompensa.** A retenção da recompensa funciona da mesma maneira. Por exemplo, você sabe que as contas precisam ser pagas até o primeiro dia do mês, mas sempre atrasa. Seus serviços já foram desligados por causa de sua procrastinação. Não é que você não tenha dinheiro; não tem disciplina para sentar e se organizar a tempo. Então faz um acordo consigo mesmo que, se não pagar as contas regularmente, não poderá assistir a um programa de TV de que gosta. (Claro que, se não pagar as contas e sua luz for desligada, não assistirá à TV de qualquer maneira.)

3. **Recorra à punição.** A punição é a terceira maneira para moldar o comportamento, apesar das desvantagens óbvias. Suponha que precisa estudar para uma aula durante uma hora por noite, mas nunca o faz. Você pode se punir trabalhando uma hora a mais no quintal para cada hora de estudo protelada. É uma via de mão dupla, mas, novamente, não é a maneira mais eficaz de desenvolver um mindset melhor. Por um lado, se você não tem um mindset focado em resultados para estudar, provavelmente também não tem motivação para se punir.

4. **Use a abordagem de recompensas de forma constante.** Esta é a maneira mais eficaz de desenvolver um mindset melhor. Ter um bom mindset em dado momento não é suficiente para torná-lo um hábito. É preciso manter a coerência por semanas para moldar um comportamento com êxito.

Dito isso, quanto mais rápido você receber uma recompensa, maior será seu impacto no comportamento. Pense nos jogos de parques e festas típicas. Você gasta cinco reais e tem a chance de ganhar um prêmio. Qual seria a probabilidade de pagar esse dinheiro se tivesse que esperar que seu prêmio fosse enviado? Não muito grande.

O adiamento de recompensas funciona como um investimento, mas as recompensas adiadas têm menos impacto em nosso comportamento. Isso também significa que são menos poderosas para criar um mindset focado em resultados.

Para ser mais eficaz, você precisa usar recompensas adiadas combinadas aos comportamentos que deseja modificar. As recompensas adiadas podem vir sob a forma de um bônus no final do ano, uma placa na parede reconhecendo seu trabalho ou talvez um jantar no fim de semana com seu cônjuge, mas você só pode entregá-las a si mesmo após ter atingindo determinados objetivos.

ESCOLHENDO AS RECOMPENSAS

Um contrato comportamental que utiliza recompensas o fará desenvolver a disciplina necessária para atingir seus objetivos. Isso significa, primeiro, que você precisa determinar quais recompensas lhe dão mais prazer e que, portanto, serão as mais motivadoras. Para isso, observe a planilha "Recompensas e Reforços". Na lista, há boas opções, como guloseimas ou recompensas por ações autodisciplinadas. Reserve um momento e verifique as que mais lhe agradam. Preencha também os espaços em branco na parte inferior com as recompensas que deseja adicionar à lista.

Em seguida, vá à coluna "Relevância". Em uma escala de um a dez, avalie a importância de cada recompensa para você, sendo um a menos importante e dez, a mais. Essa classificação é crítica para o uso eficaz das recompensas; somente as atividades que você avalia com pelo menos cinco são úteis para promover a disciplina.

A próxima coluna é "Duração". Refere-se ao tempo gasto em uma atividade que você considera recompensadora. É importante avaliar o tempo que gasta em uma atividade, porque influencia se ela será usada como recompensa imediata ou adiada. Obviamente, você não fará uma viagem todo fim de semana para se recompensar por ter cumprido algo naquela semana, mas pode fazer uma longa caminhada como recompensa imediata por concluir uma atividade.

RECOMPENSAS E REFORÇOS

	Atividades	Relevância	Duração	Frequência
	Assistir à Televisão			
	Ouvir Rádio			
	Tomar Café ou Chá			
	Ter um Tempo Sozinho			
	Ler o Jornal			
	Ler um Livro			
	Ler uma Revista			
	Exercitar-se (Corrida, Spa, Aeróbica)			
	Praticar Hobbies			
	Tomar Banho de Banheira e/ou Demorado			
	Comer Sua Comida Preferida			
	Ir ao Cinema, a uma Peça, a um Show			
	Praticar Esportes (Tênis, Futebol, Natação)			
	Jantar Fora			
	Fumar			

	Atividades	Relevância	Duração	Frequência

A última coluna é "Frequência". Com que frequência você se envolve em uma atividade que considera recompensadora? Novamente, ela influencia o que você considera recompensa adiada ou imediata. Também o ajuda a decidir qual recompensa será a mais eficaz para reforçar o comportamento desejado.

Agora, observe a planilha "Contratos Comportamentais".

No topo, há duas colunas: "Se" e "Então". A coluna "Se" representa os comportamentos-alvo sobre os quais você deseja ser mais autodisciplinado. Preencha a seção "Se" com declarações como "Se eu fizer seis chamadas frias por dia", "Se eu marcar uma consulta por dia", "Se eu ler um capítulo por dia" ou "Se eu mantiver a minha dieta todos os dias"; ou seja, no que for que você queira ser mais disciplinado.

Quando fizer isso, vá para a coluna "Então". As declarações dessa coluna representam a recompensa que receberá por cumprir a declaração "Se" e mudar seu comportamento. Após uma declaração "Se", como "Se eu fizer seis chamadas frias por dia", você pode escrever: "Então posso assistir ao noticiário da noite."

A parte "Então" do contrato pode (mas não precisa) ser retirada da folha de Recompensas e Reforços. Qualquer recompensa pode ser usada se a classificação do nível de satisfação ou relevância for de, pelo menos, seis.

Abaixo das colunas "Se" e "Então", há uma seção chamada "Bônus", que é uma recompensa por cumprir com êxito as metas e atividades semanais que definiu para si mesmo. Esse bônus pode ser um jantar em um bom restaurante no sábado à noite, depois de concluir os objetivos de uma semana. Basicamente, é algo que você acha gratificante e que reforçaria seus objetivos para o futuro.

Abaixo da seção "Bônus" está a seção "Controle". Para isso, você precisará de um parceiro. Escolha alguém, de preferência seu cônjuge ou colega de trabalho, para ajudá-lo a cumprir esse contrato e incentivá-lo durante todo o programa. Nós, seres humanos, muitas vezes racionalizamos dando a nós mesmos uma recompensa, mesmo quando ainda não a merecemos. Por isso, um parceiro não é apenas uma boa ideia, mas uma parte necessária do plano para ajudar a mantê-lo no caminho certo. Portanto, esse parceiro precisa ser alguém que você veja todos os dias, alguém que o apoia, com quem possa discutir suas metas e realizações e que pode se comprometer a apoiar seus esforços pelas próximas quatro a seis semanas — basicamente, alguém que entende seus objetivos e desejos, e queira que sejam alcançados tanto quanto você mesmo.

Evite frustrações descartando possíveis concorrentes como parceiros. Se escolher um colega de escritório, há uma chance de que ele o veja como um concorrente a um emprego que também deseja. Se melhorar repentinamente seu desempenho, por exemplo, pode ficar muito mais perto de ser selecionado para o cargo que ele também almeja.

CONTRATO COMPORTAMENTAL

DATA DE EXERCÍCIO: De _____ A _____

SE_____   ENTÃO_____
_____   _____
_____   _____
_____   _____

SE_____   ENTÃO_____
_____   _____
_____   _____
_____   _____

SE_____   ENTÃO_____
_____   _____
_____   _____
_____   _____

BÔNUS: _____
_____
_____
_____

CONTROLE: _____
_____
_____
_____
_____

_____
Empreendedor da Meta

_____
Parceiro

Este contrato será revisto em _____
                                      data

Ao abordar seu parceiro, é possível sugerir um acordo de mão dupla. Se ele decidir que o programa é uma boa ideia para ele, você concorda em ser o parceiro dele.

Você precisa interagir com seu parceiro sobre seu progresso no programa pelo menos uma vez por dia. Além disso, precisa preencher um registro de atividades semanais que mostrará a seu parceiro o quanto tem feito. Para tanto, liste os dias da semana, de domingo a sábado, e ao lado de cada dia registre a atividade que fez que o aproximou de sua meta.

É necessário também estar preparado para fazer mais uma coisa. Para ajudar a manter seu compromisso com esse programa, escreva um cheque para seu parceiro no valor de, pelo menos, US$200. Se falhar em suas obrigações contratuais, não conseguir se recompensar quando merecer, não interagir com seu parceiro, não preencher a folha de atividades semanais ou se decidir sair do programa por qualquer motivo que não seja ter mudado suas metas, perderá os US$200 para seu parceiro. Se desistir antes do período de quatro a seis semanas, seu parceiro deverá descontar o cheque com ou sem sua permissão e gastá-lo da maneira que achar melhor.

Agora, escolha uma meta para começar a trabalhar durante as próximas 4 a 6 semanas. Se for uma meta importante, como ganhar US$100 mil por ano, divida-a por 12. Isso lhe dará o valor que precisa ganhar a cada mês: cerca de US$8.500. Se dividir ainda mais, precisará ganhar cerca de US$2 mil por semana. Você pode até reduzi-la a uma meta diária, se quiser.

Seu mindset focado em resultados produz seu comportamento. Passamos tanto tempo falando de metas e resultados porque, com um ótimo mindset, a conquista de metas se torna mais fácil e menos estressante. Portanto, criar uma abordagem baseada em recompensa para atingir seus objetivos otimiza a criação de um mindset melhor.

Isso fortalece a crença de que você pode atingir qualquer objetivo que desejar e superar qualquer obstáculo no futuro.

Um vendedor de acessórios de computador com quem trabalhei não conseguia atingir seus objetivos. Ele sempre se distraía com obstáculos. A cada falha, seu mindset sofria, pois ele perdia a confiança de que poderia melhorar sua vida. Quando você define metas e não as atinge, para de defini-las. Ele queria ser dono de um iate Pearson de 31 pés, que custa cerca de US$50 mil. O vendedor ganhava apenas US$2.000 por mês. Ele fazia cerca de duas vendas por semana, oito por mês, e sua comissão média era de US$250. Na melhor das hipóteses, até alugar um iate já seria complicado. Ele também estabeleceu uma meta de comprar esse iate em dois meses. Como seu objetivo dependia de uma renda maior, ele precisava aumentar suas vendas. Suas médias ditavam que, para conseguir uma venda, ele precisava atender dois clientes. Para isso, tinha que marcar cerca de três visitas. Para tanto, precisava ligar para dez indicações.

Sua atividade média mostrou que ele ligava para cerca de 20 pessoas por semana. Em média, por dia, ele agendava 2 visitas e via 2 clientes, o que lhe rendia 2 vendas por semana, com um total semanal de US$500. O aluguel do iate custaria cerca de US$600 por mês. Isso significava gerar mais 3 vendas por mês, o que se traduzia em ligar para mais 30 indicações por mês, ou cerca de 8 por semana. Ele também teria que marcar mais 9 visitas e ver mais 6 clientes por mês. Agora, para manter o padrão de vida atual, teria que ultrapassar esses números.

Se parecer muito trabalhoso, lembre-se da lei da *eficiência forçada*. Isso significa que, se você se esforçar para fazer alguma coisa, sempre encontrará uma maneira mais fácil de fazê-la. Nesse exemplo em particular, o vendedor, quando se depara com mais ligações, encontra maneiras melhores e mais fáceis de atingir seus objetivos. No fim das contas, ele não faria muito trabalho a mais. Estaria apenas melhorando sua eficiência e, como resultado, sua produtividade e renda. Ele não estava trabalhando mais; estava trabalhando de maneira mais inteligente.

Ele começou seu programa de maneira muito simples. Sabíamos a quantidade de atividades que fazia — por dia, cerca de quatro ligações de indicações, duas visitas e dois clientes. Ele também fazia uma venda em média a cada dois dias. Embora tivesse que aumentar suas atividades, começamos no nível típico para ajustá-lo ao programa.

Sua folha de Recompensas e Reforços indicava que, em um nível de relevância de seis ou mais, ele gostava de assistir à televisão, jogar tênis e tomar café. Também gostava de sair para jantar aos finais de semana. Decidimos vincular o café a ligações. Para cada ligação que fazia, podia tomar um gole de café. Se não telefonasse, não tomava café. Como ele também gostava de assistir à televisão à noite, vinculamos o horário da televisão (cerca de uma hora por noite) a visitas. Se fizesse uma visita, poderia assistir à TV naquela noite. Se não fizesse, nada de TV.

Se parece rigoroso, não pense assim. Foi tudo ideia dele. Estas eram recompensas que ele já recebia. No novo programa, elas se tornaram reforços que ele podia usar para permanecer comprometido com seus objetivos.

A última recompensa vinculada a uma atividade era o tênis. Como ele gostava de jogar tênis duas vezes por semana, vinculamos o jogo aos clientes. Para cada dois clientes que encontrava, tinha uma tarde ou noite jogando tênis. Não havia recompensas para o número de vendas que fazia. Se suas atividades aumentassem, sabíamos que as vendas aconteceriam. O bônus para o vendedor era que, se ele cumprisse todos os seus objetivos para a semana, poderia ir a um bom restaurante como recompensa.

Durante a segunda semana, ele acrescentou uma ligação por dia. Só na quarta semana aumentou suas visitas agendadas, bem como o número de clientes em potencial que via durante o dia.

Ao progredir de forma lenta e constante, ele conseguiu se ajustar à atividade extra, evitando o estresse e a tensão. E também se ajustou ao esquema de se recompensar ou não recompensar, dependendo do cumprimento da atividade necessária. De forma lenta, mas sólida, ele desenvolveu a disciplina. Na sexta semana, triplicou o número de vendas que realizava porque havia triplicado sua atividade de vendas. Não demorou muito para que conseguisse manter o nível mais alto de vendas, mesmo trabalhando menos. Ele aprendeu a trabalhar melhor e com mais inteligência; comprou o iate à vista, sem sequer precisar de um empréstimo ou financiamento.

Em outra situação, trabalhei com um gerente que parecia não ter tempo para ler mais artigos e livros relacionados a negócios. Seu comportamento-alvo concentrava-se no desenvolvimento de um mindset focado em resultados para que ele elevasse sua renda ao aumentar a eficiência no trabalho. Quando você melhora seu conjunto de habilidades, ganha mais dinheiro. Seu objetivo era ler um capítulo por dia, que acompanhava pelo registro de atividades semanais, e descobriu inúmeros benefícios nessa atividade. Ao ler, ele obteria informações que o tornavam um profissional mais valioso para a empresa. Também estaria em uma boa posição para aumentar seu salário, por causa das novas habilidades que aprenderia com a leitura. E ampliaria seu interesse pelo trabalho, porque entenderia mais sobre o setor em geral.

Começamos com um programa muito simples, no qual o encorajávamos a ler mais uma página por dia. Ele levava apenas um minuto para fazer isso, mas pegar o livro, olhar a página e ler era suficiente para começar a criar o hábito de leitura. Com o tempo, aumentamos o número de páginas que lia. O mais importante no começo era apenas colocar um livro na frente dele.

Descobrimos em sua folha de Recompensas e Reforços que ele gostava de caminhar ao redor do quarteirão ao meio-dia. Em sua escala de relevância, andar era um 8. Assim, toda vez que ele lia uma página no almoço, podia caminhar ao meio-dia. Após a quarta semana, seu objetivo foi aumentado. Ele era recompensado com a caminhada somente depois de ler 5 páginas. A atividade era lenta, e levou cerca de 6 semanas até que lesse dez páginas ou um capítulo por dia. Depois de atingir seus objetivos de leitura em todos os 5 dias úteis, seu bônus era jogar 18 buracos de golfe no fim de semana.

Outro vendedor com quem trabalhei em uma grande corretora detestava prospectar. Na verdade, ele nem fazia isso, e seus negócios estavam prestes a fracassar. Mesmo diante do fracasso, ele ainda não conseguia se forçar a fazer chamadas frias ou ligações para as indicações. Perguntei o que ele gostava de comer de manhã. Ele me disse bananas. Então, vinculei a recompensa de um pequeno pedaço de banana a cada telefonema que fazia. Cerca de um mês depois, após usar a banana como recompensa, ele relatou que suas chamadas frias e referências haviam aumentado em 150%! Ele achava bobagem, mas, toda vez que fazia uma chamada fria, comia um pequeno pedaço de banana. Embora pareça pueril, ele ainda associava a experiência agradável, comer a fruta, à experiência desagradável, a chamada. Atender ao telefone ficou muito mais prazeroso.

As pessoas que usam esse método me dizem: "Kerry, estou fumando dois maços de cigarro por dia, mas meu objetivo é parar de fumar e quero parar amanhã. Como posso desenvolver um novo mindset para fazer isso?" A verdade é que você precisa de um programa sistemático para mudar de forma gradual e permanente. Sem esse programa, a maioria das pessoas não mantém a mudança.

Além disso, apesar de eu encorajá-lo a aumentar sua atividade após a primeira semana de uso de reforços, ou assim que se sentir confortável, comece sempre no seu nível atual de atividade. Fique nesse nível por uma semana ou duas até se adaptar. Se fizer muitas alterações, ficará estressado e desistirá. Somente depois de se adaptar, você deve aumentar suas atividades. Não passe para o próximo nível até se acostumar ao atual.

Por exemplo, um vendedor que fazia apenas algumas ligações para iniciar negócios passou a fazer cem por dia. No terceiro dia, ele descobriu que não conseguia acompanhar o ritmo nem atingir seus objetivos.

Da mesma forma, a importância de receber uma recompensa imediatamente após merecê-la é inestimável. Recompensas imediatas aumentam a atividade muito mais rapidamente. Muitas pessoas com quem trabalhei se davam um gole de suco de frutas ou duas nozes para cada telefonema que faziam.

SÍMBOLOS DE RECOMPENSA

Outra maneira de usar a recompensa imediata para otimizar suas atividades ou comportamento-alvo é usar símbolos. Afinal, a maioria de nós não deve comer um pedaço de doce após cada telefonema. Os símbolos funcionam igualmente bem para oferecer uma recompensa imediata em momentos em que você não deseja ou não deve receber sua recompensa habitual. Podem ser coisas como fichas de pôquer, moedas de um centavo ou até clipes de papel.

Por exemplo, você pode declarar em seu contrato comportamental que receberá um símbolo toda vez que disser algo de bom para um funcionário ou solicitar uma indicação de vendas. Tenho um colega, Bill Cates, que fala sobre o desenvolvimento de um mindset de indicações. Isso significa se lembrar constantemente de pedir referências. Você não pode comer um pedaço de doce toda vez que pedir uma. Mas pode dar um símbolo a si mesmo.

Cada símbolo pode representar meia hora de televisão ou uma xícara de café. Para cada cinco símbolos, você pode se dar tempo para jogar tênis ou até uma hora de golfe. Para cada dez, ler por prazer à noite.

Você pode optar por usar os símbolos como um meio para começar a trabalhar mais cedo, a fim de desenvolver o mindset de ser pontual. Acho que isso é um problema de mindset. Mas, além disso, chegar atrasado comunica que seu tempo é mais valioso do que o da pessoa que for encontrar.

No início, você pode se dar um símbolo por sair de casa dez minutos mais cedo. Mais tarde, na semana ou no mês, só o receberá se chegar a tempo. Depois, só se chegar adiantado. Esta é uma maneira de facilitar sua adesão a um mindset de pontualidade.

Um amigo meu, que é psicólogo, trabalhava com o time de futebol americano da Universidade de Michigan. Os Wolverines estão entre os melhores times de futebol americano da história da NCAA, mas nem sempre tiveram tanto sucesso. Anos atrás, meu amigo percebeu que os símbolos eram uma ferramenta eficaz para que os jogadores de Michigan desenvolvessem um mindset vencedor. A maioria dos treinadores sabe que vencer é uma questão de mindset. Você pode aprender a ganhar ou a perder, mas ambos são mindsets.

A equipe técnica, aconselhada pelo psicólogo, começou a colocar pequenos adesivos nos capacetes dos jogadores. Para cada grande tackle que faziam ou fumble que recuperavam, recebiam um adesivo. Os tight ends e os wide receivers recebiam adesivos para cada captura que faziam.

Para sua surpresa, a equipe técnica descobriu que os jogadores faziam praticamente qualquer coisa para conseguir um adesivo! Eles pulavam sobre as pessoas, derrubavam jogadores, praticamente atravessavam paredes de tijolos para conseguir um daqueles símbolos. Os Wolverines aprenderam a fazer tackles com mais força, diminuir os fumbles e recuperá-los com mais frequência. É muito parecido com as insígnias de hierarquia e as medalhas de condecoração do Exército. É basicamente o símbolo pelo qual todos trabalhamos: reconhecimento por meio de uma recompensa que todos veem e admiram. Isso é mais valorizado do que dinheiro — que, a propósito, é apenas um tipo de símbolo.

Ao usar um contrato, que criou com recompensas por comportamentos que contribuem para atingir seus objetivos, você ficará surpreso com a rapidez com que seus comportamentos mudarão. Ademais, é possível usar esse contrato para alterar ou reforçar qualquer comportamento que desejar. Tudo o que precisa fazer é segui-lo à risca. Com isso, você mantém um dos acordos mais importantes que já fez: um acordo consigo mesmo para desenvolver um mindset focado em resultados e conquistar seus objetivos.

8

Como o Mindset Molda o Cérebro

Até agora, discutimos como os mindsets são importantes por levarem a melhores comportamentos de aprendizagem, que, por sua vez, criam melhores resultados de aprendizagem. Alguns estudos mostraram uma relação entre crenças e atividade cerebral. Quando alguém com um mindset focado em resultados comete um erro, sua atividade cerebral fica mais intensa, em comparação com aqueles que têm mindset fixo. Os cérebros das pessoas que acreditam em sua capacidade de melhorar e superar obstáculos reagem de maneira diferente quando um erro é cometido.

Na verdade, aqueles com mindset focado em resultados demonstravam maior consciência dos erros do que aqueles com mindset fixo. Os autores concluíram que essas pessoas eram mais propensas a corrigi-los. Aqueles com mindset de crescimento tinham reações cerebrais aprimoradas e prestavam mais atenção aos erros, a fim de melhorar.

Com um mindset fixo, você sente que quem é agora define quem será para sempre. Portanto, para aumentar seu valor e autoestima, descarte seus contratempos e falhas em vez de se esforçar para corrigi-los. Um mindset fixo também produz pensamentos negativos. Segundo o neuropsicólogo Rick Hanson, as pessoas têm uma tendência natural ao pensamento negativo.

Nossas mentes tendem a descartar as boas notícias e a se concentrar nas ruins. Quando alguém diz: "Tenho boas e más notícias. Qual você quer primeiro?", a resposta natural é: "As más. As boas não são tão importantes." Hanson acredita que evoluímos para pensar dessa maneira. Se você, como homem das cavernas, conseguia evitar ameaças, tinha oportunidades para coletar alimentos depois. Mas, se não conseguisse evitá-las, a boa notícia de alimento disponível seria irrelevante. Os psicólogos evolucionistas acreditam que muito de nosso comportamento e estrutura cerebral resulta da evolução de uma época em que andávamos pela terra descalços com peles e estacas.

Contudo, as estruturas cerebrais evoluíram. Em um estudo recente com a geração millennial, cerca de 20% disseram buscar ajuda ou aconselhamento para a depressão no trabalho. Essa porcentagem é mais alta do que em qualquer outra geração. As mulheres millennials de 18 a 34 anos relataram apresentar problemas de saúde mental em 4,9 dias por mês; enquanto os homens millennials, 3,6 dias. Nosso cérebro está focado no estresse, mesmo quando ele é banal ou não oferece risco de vida. Mas aqui está a parte interessante. A negatividade produz mais atividade cerebral do que eventos positivos equivalentes. Por exemplo, Hanson descobriu que as pessoas identificam rostos raivosos mais rápido do que rostos felizes. A maioria dos estudos é feita com um escopo em T, no qual os rostos são exibidos por apenas um décimo de segundo. Uma ameaça, criada, por exemplo, por um rosto zangado, causa uma resposta de fuga ou luta. Isso significa que alguém resistirá e lutará contra a ameaça ou fugirá. A área do cérebro responsável por essa resposta é o sistema límbico.

Então, parece que seu cérebro está coberto de Velcro para experiências negativas e de Teflon para as positivas. Uma das coisas mais desafiantes de mudar em um mindset é aprender a preservar as experiências positivas por mais tempo na memória e se esquecer das negativas rapidamente. Outra estrutura cerebral, a amígdala, é responsável por esse padrão de pensamento. Você tem duas dessas regiões com formato de amêndoa, uma de cada lado da cabeça, preparadas para captar a negatividade. Depois que a amígdala é acionada, experiências e eventos negativos são armazenados rapidamente. Por outro lado, experiências positivas precisam ser mantidas em sua memória por pelo menos 15 a 30 segundos para serem transferidas dos buffers de sua memória de curto prazo para a de longo prazo.

Durante anos, disse em palestras que esquecemos 70% do que ouvimos em 1 dia e 90% em 3. Isso se deve à complexidade de transferir o que aprendemos há 5 minutos para o que retemos em 3 dias. Você constrói sua memória de longo prazo por repetição ou aumento de sua atenção. Por exemplo, se eu quiser lembrar um número de telefone, posso repeti-lo 5 vezes, esperar 1 dia e repeti-lo mais 5. Essa repetição espaçada o faz transferir o evento para a memória de longo prazo. Uma maneira de lembrar um número de telefone é associá-lo a eventos da sua vida ou experiência. Por exemplo, se quisesse me lembrar de 405-6297, eu o associaria à autoestrada 405, no sul da Califórnia, minha idade hoje e qual acho que será minha expectativa de vida. Leva apenas 30 segundos para lembrar isso e transferi-lo para a memória de longo prazo.

Discuto como se lembrar das coisas porque você pode mudar seu mindset negativo para um positivo ao prestar mais atenção às coisas boas que lhe acontecem do que às negativas. Como nosso cérebro é estruturado para focar e lembrar experiências negativas, você precisa trabalhar para se concentrar e lembrar-se das positivas. Portanto, manter os acontecimentos positivos em mente por, pelo menos, 30 segundos e lembrar-se deles ao longo do dia aumenta a probabilidade de conquistar um mindset mais positivo. Isso também mudará a estrutura física e a composição do seu cérebro.

VOCÊ É UM PREOCUPADO RUMINANTE?

Alguns pesquisadores discutem a *ruminação*: recordar com frequência uma situação e focar seus aspectos negativos. Quanto mais se concentra em um evento negativo, mais reforça o mindset negativo.

Há pouco tempo, em uma festa de Natal, eu soube que um organizador de eventos do meu clube de tênis estava se aposentando. Mencionei isso para uma mulher, e ela disse que estava muito feliz. Ela se lembrou na mesma hora de um torneio de tênis no qual o sujeito fora rude. Então, de outro episódio em que ele cometera um erro. Por fim, ela se lembrou de mais duas interações, que tiveram um desfecho ruim. O anúncio da aposentadoria desencadeou uma cascata de más lembranças na mulher, sem nenhuma positiva. Eu queria contar a ela sobre as diferenças entre o mindset fixo e o focado em resultados, mas tenho certeza de que ela teria revirado os olhos para mim. Era melhor ter empatia do que corrigi-la. De qualquer forma, é assim que ocorre com um mindset negativo. Ruminar um evento desagradável apenas fortalece sua memória dele.

De acordo com um artigo da revista *Psychology Today*, a ruminação danifica as estruturas neurais do seu cérebro que regulam as emoções, a memória e os sentimentos. Mesmo quando a preocupação e o estresse não se baseiam na realidade, a amígdala e o tálamo (outra parte do cérebro que comunica as funções sensoriais e motoras) são incapazes de diferenciar as preocupações das ameaças reais. Um hormônio que reage ao estresse é o cortisol. Esse hormônio destrói o hipocampo, a parte do cérebro em que as novas memórias são formadas. Muitos sentem estresse e ansiedade pela manhã, um indicativo de altos níveis de cortisol, que se dissipam ao longo do dia.

Um dos meus filmes favoritos é o *Nos Bastidores da Notícia*. Em uma das primeiras cenas, uma produtora se prepara para ir trabalhar de manhã. Ela se olha no espelho, pronta para sair, e explode em um colapso de choro que dura cinco minutos. Mas o mais louco é que ela segue essa rotina todos os dias. Ela expurga toda a ansiedade de manhã, para se estressar menos no trabalho. No entanto, quanto mais se libera cortisol em resposta a experiências negativas, preocupações e ruminações, mais desafiante é formar novas memórias positivas.

Na neurociência, há um conceito chamado de *neuroplasticidade dependente da experiência*, que significa que, quando os neurônios disparam juntos, eles se conectam. Ou seja, nosso cérebro cria estruturas físicas que refletem nossas memórias, sejam positivas ou negativas. Isso pode ser muito técnico para você, mas, simplificando, suas experiências e pensamentos criam novas sinapses entre os neurônios, facilitando a lembrança dessas experiências. Suas memórias mudam seus genes e alteram a estrutura do seu cérebro. Em outras palavras, o cérebro é moldado pelo mindset.

ATENÇÃO PLENA

Você já deve estar com medo até de pensar. De certa forma, é exatamente isso que os especialistas querem que você faça. Uma técnica da psicologia cognitiva é a *atenção plena*, que se refere a uma consciência sem julgamento das experiências de cada momento. Ao vivenciar os eventos com atenção plena, você passa a um tipo de estado meditativo no qual não caracteriza os eventos como bons ou ruins.

Lembra quando sua mãe dizia para contar até dez antes de ficar bravo? Ela estava certa. O processo de contar faz com que você desatrele suas emoções do que acabou de acontecer e relaxe o suficiente para tomar uma decisão emocional mais bem pensada.

Muitos anos atrás, um colega teve a ideia de colocar uma gota de esmalte no relógio. A finalidade era se lembrar de seus pensamentos toda vez que verificasse a hora. Por exemplo, ao olhar para o relógio e ver a gota de esmalte vermelho, você se perguntaria se seus pensamentos são positivos ou negativos. Agora, você sabe que o tempo gasto com cada memória altera a estrutura do seu cérebro, fazendo com que seja lembrada com mais facilidade. Portanto, toda vez que olhar para o esmalte e substituir um pensamento negativo pela lembrança de uma experiência positiva recente, você se aproxima de eliminar a preocupação.

INTERRUPÇÃO DE PADRÕES

Minha técnica favorita para passar de um mindset negativo para um positivo é a *interrupção de padrões*. Ela o auxilia a passar de um mindset fixo e introvertido para um de crescimento focado em resultados. Os pensamentos irracionais parecem se alimentar e se recompor, como uma bola de neve que aumenta conforme desce pela colina com neve. Ao reconhecer que esses padrões estão se estabelecendo, você consegue interromper seus pensamentos.

Da próxima vez que observar a preocupação surgir, faça algum ato físico. Levante-se e ande pelo escritório. Diga em voz alta o que está pensando.

A melhor maneira de interromper um padrão de pensamento negativo é criar um desconforto físico rápido. Use um elástico em volta do seu pulso e, quando entrar em um mindset negativo, puxe-o. A beliscada quebrará o padrão. Você pode, por exemplo, usar a gota de esmalte no relógio para se lembrar de verificar e puxar o elástico se perceber que seus pensamentos ficaram negativos.

SUBSTITUIÇÃO

Você também pode substituir uma experiência negativa por uma positiva. Por exemplo, quando se deparar com um obstáculo e começar a se preocupar, puxe o elástico e lembre-se de como conseguiu superar um bloqueio semelhante no passado.

RECOMPENSE, REVIGORE E REPITA

Por fim, conceda-se recompensas imediatas. Uma recompensa pode ser qualquer coisa, desde um gole de café a ligar para seu cônjuge ou até mesmo colocar uma bala de menta na boca. A recompensa reforça a ação e aumenta as chances de você replicá-la.

Um planejador financeiro que treinei recentemente usou uma técnica de quatro etapas. Ele possuía um mindset fixo, que lhe dizia que não tinha talento para vender. Ele sabia que contatar clientes em potencial era a única maneira de expandir seus negócios, mas tinha pânico de fazer ligações. Seu coração palpitava, e o suor escorria pela testa antes de cada telefonema. Então, (1) ele passou a observar a própria reação fóbica; (2) corrigia-se com um estalo no elástico; (3) substituía a memória pela de uma ligação bem-sucedida; e (4) bebia uma xícara de café como recompensa. Não só sua ansiedade diminuiu, como ele finalmente conseguiu expandir seus negócios.

9

Como o Conflito Cria um Mindset Melhor

A especialista Carol Dweck escreveu sobre como é difícil o desafio de manter um mindset saudável quando tudo está desmoronando. Já discuti como seu cérebro está preparado para focar a negatividade. Ao cair na tentação de pensar negativamente, você cria caminhos neurais mais profundos. Quanto mais pensa na negatividade, mais o cérebro se reestrutura para mantê-lo negativo.

Em seu novo livro, *Rush*, Todd Buchholz diz que luta e desafio criam um mindset focado em resultados. Quando você assume uma postura ambiciosa e ávida por novos desafios, seu cérebro produz serotonina e dopamina. A dopamina é a droga de euforia do cérebro. Quanto mais produzi-la, melhor se sentirá. Há receptores de dopamina no cérebro, que agem como as ondas sonoras que atingem seu ouvido interno. Quando são acionados, sua sensação de bem-estar aumenta. Os receptores de dopamina são um dos motivos que levam às overdoses. Cocaína, heroína e metanfetamina os acionam. Por outro lado, com o tempo, reduzem sua capacidade de produzir euforia. Os receptores diminuem de tamanho; é como cortar o cabelo. O usuário então precisa de quantidades de droga cada vez maiores para ficar chapado. Mas essas substâncias são tão tóxicas que, à medida que a dose aumenta, as chances de morte, também.

Quando começa um projeto, seus neurônios fazem novas conexões. As células cinzentas processam informações para o sistema nervoso central, permitindo que o cérebro se regenere. Lembra quando bebeu umas e outras, e seus amigos disseram que estava matando alguns bilhões de células cerebrais, que nunca voltarão a crescer? Bem, isso tem sua parcela de verdade. O álcool *mata* células cerebrais. Porém pesquisas recentes mostraram que elas voltam ao engajamento cognitivo, ou seja, a aprender, se comunicar e desafiar a si mesmo. O que, *de fato*, causa a morte das células cerebrais é a inatividade. Quando ficamos menos ativos mental e fisicamente, as tomografias por emissão de pósitrons (PET, na sigla em inglês) realizadas no cérebro mostram que os níveis de serotonina diminuem, e as células cinzentas começam a morrer.

Quando você procrastina ou fica preguiçoso no trabalho, diminui sua expectativa de vida física e mental. Muitos dos meus amigos dizem que querem continuar trabalhando até chegar aos 70 anos; mas, aos 62, já querem reduzir a semana de trabalho para 2 dias. É saudável não ser desafiado nem se envolver nos outros 5 dias? O envolvimento no trabalho e as recompensas decorrentes são como aplausos de uma plateia. O envolvimento com uma tarefa e sua conclusão liberam serotonina e dopamina. Isso faz você se sentir bem.

POR QUE É PRECISO LUTAR

Buchholz faz uma afirmação direta: se quiser piorar muito rápido, aposente-se hoje. A aposentadoria promove uma queda na sua capacidade cognitiva, mesmo quando ocorre em função da idade ou de problemas de saúde. À medida que as pessoas se aproximam da aposentadoria, não conseguem se lembrar de muitas palavras nem pensar com tanta clareza quanto os colegas ativos da mesma faixa etária.

A pesquisa com aposentados é impressionante. Nos EUA e na Dinamarca, um homem de 60 e poucos anos tem 33% menos probabilidade de trabalhar do que um de 50. Na França e na Áustria, o número sobe para 85%. Aqui está a parte chocante. A capacidade cognitiva dos homens na casa dos 60 anos cai duas vezes mais na Áustria e na França do que nos EUA e na Dinamarca. A história a seguir ilustra isso muito bem.

> *Certa vez, um homem encontrou o casulo de uma borboleta. Ele passou a observá-lo e um dia percebeu que uma pequena abertura havia aparecido. O homem ficou sentado por várias horas, enquanto a borboleta lutava para passar o corpo pelo pequeno buraco. Então a borboleta pareceu parar de progredir. Parecia que tinha chegado o mais longe que podia. O homem decidiu ajudá-la, pegou uma tesoura e cortou a parte restante do casulo. A borboleta então emergiu com facilidade, mas seu corpo estava inchado, e as asas, pequenas e murchas.*
>
> *Ele continuou observando a borboleta, porque esperava que, a qualquer momento, as asas aumentassem e se expandissem para suportar o corpo, que se contraía.*
>
> *Não aconteceu. Na verdade, a borboleta passou o resto da vida rastejando com um corpo inchado e as asas murchas. Nunca foi capaz de voar.*
>
> *Por causa de sua gentileza e pressa, o homem não entendeu que o casulo restritivo e a luta necessária para que a borboleta passasse pela minúscula abertura eram a maneira da natureza de forçar o fluido de seu corpo para suas asas, o que possibilitaria seu voo logo que alcançasse a liberdade.*

O trabalho faz seu cérebro se engajar e o fortalece, além de construir circuitos neurais. Desligar-se do trabalho desliga esses circuitos. Qual é o problema: a aposentadoria, de fato, ou seu preparo para ela? Quando você começa a planejar a aposentadoria, com 55 ou 65 anos, seu cérebro se desliga e diminui sua capacidade cognitiva. Por que desafiar a si mesmo e aprender novos truques para ter sucesso, se não planeja usá-los? É por isso que é fundamental cultivar o mindset focado em resultados. Quanto mais lutamos para aprender, mais sagazes nos tornamos e mais vivemos. Mas que tipo de trabalho o mantém envolvido? Buchholz diz qualquer coisa que coloque comida na mesa. Praticamente tudo o que se faz para ganhar dinheiro.

Alguns anos atrás, eu ouvia amigos mais velhos dizendo como a aposentadoria é maravilhosa. Eles viam mais os filhos, viajavam mais e pareciam se divertir muito. É uma opção bastante atraente quando problemas típicos da carreira tiram seu sono. Bren, um dos meus amigos da academia, pensa diferente. Após uma reestruturação societária, há alguns anos, ele saiu do emprego de gerente de nível médio na State Farm Insurance. Aos 65 anos, ele esperava trabalhar até chegar aos 70, pelo menos. Ele disse: "Aposentadoria é boa, mas queria continuar trabalhando. Eu me sentia mais útil. Sentia como se contribuísse para o mundo. Fazia a diferença. Aposentadoria é boa, mas a vida agora não é tão interessante."

Esse é o mesmo comentário que ouço de muitos outros aposentados, principalmente daqueles que estão deixando empregos de que gostavam. Você *deve* se aposentar de um emprego de que não gosta. Mas, devido às pesquisas sobre o cérebro, que comprovam o atrofiamento da capacidade cognitiva devido à inatividade, é preciso encontrar um emprego de que *goste*. É por isso que se aposentar aos 65 ou 70 anos não deve significar uma parada; mas uma transição. Você deve fazer outra coisa — algo mais desafiador, que também gere renda.

Mas as pessoas realmente sortudas são as que têm paixão. São o exemplo perfeito de mindset focado em resultados. Elas querem salvar o mundo. Estão sempre procurando uma nova ideia ou maneira de se envolver mais. Médicos pesquisadores, que passam a vida inteira procurando curas para o câncer, odeiam a aposentadoria. Eles sempre sentem que a próxima semana ou mês produzirá um avanço. Einstein morreu com uma caneta na mão, escrevendo fórmulas matemáticas que explicam o Universo. Edison não passou sua última década em uma cadeira de balanço com uma bela vista. Ele morreu de complicações do diabetes enquanto ainda inventava e lutava.

Portanto, o segredo para permanecer engajado no seu trabalho é garantir que ele seja sua paixão. Se você é apaixonado, continue fazendo o que faz. Viverá mais e ficará com a mente mais aguçada. Se não é sua paixão, encontre algo que seja e mantenha-se envolvido.

Buchholz discute o caso de zeladores de hospitais. Não é uma função muito glamourosa. Eles limpam ambientes onde pessoas doentes e moribundas muitas vezes não controlam suas funções corporais. Alguns odeiam o trabalho, enquanto outros o adoram. Qual é a diferença? Aqueles que o amam apreciam os momentos em que seguram a mão de um paciente, regam as flores, conhecem os visitantes e sorriem para os doentes acamados. Eles sentem a paixão, o chamado, a missão. Aqueles que odeiam seus empregos apenas esfregam o chão.

Portanto, o mindset focado em resultados não apenas o mantém disposto a aprender e a permanecer positivo. Pessoas com esse mindset se mantêm engajadas. Por sua vez, ficam mais sagazes e vivem mais. Sentem menos tédio e são muito mais astutas do que aquelas que têm mindset fixo.

DESENVOLVA O MINDSET FOCADO EM RESULTADOS EM SEU NEGÓCIO

Talvez, a melhor aplicação de um bom mindset esteja nos negócios. Talvez, nenhuma outra área da sua vida faça uma diferença mais drástica em sua carreira. Com um mindset melhor, você também influencia e lidera pessoas de forma mais eficaz. Nos primeiros três anos de atividade, 83% das novas empresas falham. Coincidentemente, 83% dos trabalhadores norte-americanos não gostam do que fazem. Isso significa que sua atitude, o modo como influencia as pessoas com quem trabalha e o mindset usado em sua comunicação têm uma forte relação com quanto dinheiro ganha.

Sou coach e palestrante corporativo há mais de 35 anos. Nunca conheci um cliente que possuísse um mindset focado em resultados com metas que não ampliassem seus negócios em pelo menos 50% ao ano. Na verdade, a maioria dos meus clientes com esse mindset aumenta seus negócios em mais de 80% ao ano.

Digo aos clientes em potencial que preciso de três coisas antes que eles comecem a trabalhar comigo:

1. Eles precisam aparecer e chegar a tempo em nossas sessões.

2. Precisam estudar as coisas sobre as quais falamos por pelo menos cinco minutos todos os dias.

3. Têm que fazer tudo que disserem que farão.

Todos os candidatos a coaching com quem conversei nas últimas três décadas concordaram com essas estipulações. Muitas vezes, eles dizem que será fácil. Depois de trabalhar com centenas de clientes, vi que apenas cerca de 30% cumprem suas promessas. O resto se distrai, perde o foco em seus objetivos ou simplesmente desiste. Eles se sabotam. Não falham por causa de habilidades precárias ou da economia; mas por causa de seu mindset fixo. Somente aqueles com um mindset focado em resultados veem crescimentos exponenciais. Um mindset extrovertido e focado no crescimento faz toda a diferença.

Malcolm Gladwell, autor de muitos best-sellers, refere-se aos perigos do mindset errado. Defende que o mindset de talento, que criou a cultura da Enron, também a destruiu. A Enron cometeu um erro fatal ao criar uma cultura que venerava inteligência e talento à custa de muito trabalho. Em outras palavras, criou uma cultura de mindset fixo. Quando a Enron foi confrontada com más decisões, ela as encobriu. Em alguns casos, por exemplo, Ken Lay e Jeff Skilling, executivos da empresa, mentiram e cometeram crimes. Em vez de crescer com os erros, protegeram a imagem fixa.

Quem tem mindset fixo precisa justificar seu talento e inteligência, enquanto quem tem mindset de crescimento se aprimora constantemente. Em um estudo, Carol Dweck pediu que alunos escrevessem a alguém de outra escola relatando suas notas em uma prova recente. Quarenta por cento mentiram, sempre para mais. Pessoas de mindset fixo procuram razões para justificar seu talento. E se sentem ameaçadas quando essa imagem é questionada. Elas não fazem cursos corretivos nem admitem falhas e contratempos, e se recusam a assumir a responsabilidade pelos erros.

As pessoas de mindset fixo não admitem seus erros. Você já viu isso acontecer no governo. Quando um ataque terrorista acontece e não há segurança suficiente, como no ataque a Benghazi, na Líbia, funcionários do Departamento de Estado culpam outros. Eles se recusam a assumir a responsabilidade. Quando funcionários da Receita Federal escolhem grupos por critérios políticos para auditorias especiais, eles negam até as evidências mais óbvias. Quando a taxa de homicídios de uma cidade sai do controle, o prefeito culpa a falta de financiamento, não os próprios erros. A primeira regra para ser um bom líder é admitir erros, aprender com eles e corrigi-los. Acho incrível como os distritos eleitorais perdoam quando um líder político admite seus erros e anuncia planos para corrigi-los. Mas, geralmente, culpam alguém ou outra coisa. Algo que raramente ouvimos é: "Errei e estou trabalhando nisso. A situação não está do jeito que eu gostaria, mas vamos fazer acontecer."

De acordo com Jim Collins, em seu livro *Empresas Feitas para Vencer*, os melhores líderes são modestos. Não são líderes carismáticos superiores, com egos enormes. São líderes dispostos a enfrentar desafios e fazer perguntas. Eles encaram as escolhas árduas com um mindset focado em resultados que evidencia sua capacidade de superar qualquer obstáculo. Os grandes líderes não se esforçam para provar o quanto são melhores do que qualquer outra pessoa, apenas buscam melhorar. Jack Welch, ex-CEO da General Electric, disse: "Sempre busco recrutar pessoas mais inteligentes do que eu."

Os pesquisadores Robert Wood e Albert Bandura (Bandura é um dos meus heróis da pós-graduação) fizeram um experimento que comprovou a utilidade do mindset de crescimento focado em resultados e da destrutividade do fixo. Eles alocaram os pós-graduandos em dois grupos, com mindset fixo e com mindset de crescimento. Os pós-graduandos deveriam designar funcionários imaginários para os cargos adequados às suas habilidades. Eles foram instruídos a descobrir como motivar e liderar os trabalhadores. Também tiveram que revisar suas decisões de gestão com base no feedback que receberam sobre a produtividade dos funcionários.

Os alunos de mindset fixo foram informados que a tarefa avaliava suas próprias capacidades. Foi dito aos alunos com mindset de crescimento que suas habilidades gerenciais eram medidas pela prática, e os resultados da tarefa lhes dariam uma oportunidade de melhorá-las. Os alunos com mindset de crescimento continuaram aprendendo. Os alunos com mindset fixo se preocupavam em medir seu desempenho ou em proteger suas habilidades fixas. As pessoas com mindset de crescimento usaram seus erros para aprender a realizar melhor suas tarefas. É claro que os alunos com mindset fixo também cometeram erros ao concluir as tarefas. Mas deram desculpas e atribuíram culpa quando encontraram reveses, em vez de aprender com eles.

Lee Iacocca foi um titã da indústria, creditado por ter mudado a Chrysler Corporation após a falência. Jim Collins o descreveu de uma maneira diferente. Iacocca tinha um grande talento e um ego desmedido. Ele conseguiu pegar dinheiro emprestado do governo dos EUA e salvar milhares de empregos no setor automotivo, e foi bem-sucedido nessa tarefa. Mas sua postura era a de alguém que venerava talentos. Ele não desenvolveu os dirigentes que liderava, concentrando-se apenas na própria habilidade. Assim que deixou a Chrysler, ela desmoronou na mediocridade.

O MINDSET DOS GRANDES LÍDERES

Quando Jack Welch assumiu a GE, em 1980, a empresa valia US$14 bilhões. Vinte anos depois, US$490 bilhões. Era a empresa mais valiosa do mundo antes da Apple. A GE era um conglomerado com muitos negócios diferentes; mas, se houvesse um problema, Welch ia diretamente ao chão de fábrica e pedia a opinião dos trabalhadores, perguntando como o resolveriam. Muitos dos seus discípulos aprenderam com sua experiência e melhoraram drasticamente as habilidades de liderança. Welch nunca liderou a GE de cima de um pedestal. Ele percebeu que não aprenderia nem cresceria sem as informações adequadas das fontes certas. Em suma, ele tinha um mindset de crescimento. Lee Iacocca e os executivos da Enron, por outro lado, tomaram decisões com base em mindsets fixos.

Sinto uma conexão pessoal com Jack Welch. Eu era corretor da bolsa em 1980, na empresa de banco de investimento da Kidder, Peabody & Company. Depois que saí, a GE a comprou. Eles fizeram isso por arrogância. Na época, pensavam que qualquer aquisição daria dinheiro, porque suas mentes eram supremas. Mas, apesar de a GE estar repleta de executivos de mindset focado em resultados, a

Kidder não estava. A empresa se perdeu quando o trader de títulos Joseph Jett fez negócios fraudulentos, reivindicando lucros maciços em todos. Kidder, Peabody e Joseph Jett tinham mindsets fixos. Se seus resultados não correspondessem ao mindset, eles mentiam, em vez de aprender.

Serei honesto com você. Esse foi o único emprego de que fui demitido. Foi em 1981, em Newport Beach, Califórnia. Eu fazia 150 chamadas frias por dia e era rejeitado em 149. A piada era que a única chamada sem recusa era para minha mãe e, depois de três meses, até ela diria: "Nunca mais me ligue." Uma vez, entrei em contato com meu gerente, Steve, e perguntei se ele me apoiaria para falar sobre investimentos em grupos de serviços e clubes de investimento na Califórnia. Eu tinha muita experiência em falar em público e percebi que a maioria das minhas chamadas frias era para pessoas que não entendiam de investimentos. Elas não entendiam de diversificação ou média do custo em dólar, nem mesmo de alocação de carteiras de aposentadoria. Após Steve ouvir minha ideia, ele me demitiu no ato. Lembro-me de suas palavras: "Você não vai durar muito", que era um eufemismo para: "Você nunca vai conseguir." Então disse que eu precisava fazer chamadas frias, como todo mundo, e não me via conseguindo. Meu gerente tinha um mindset fixo. Havia apenas uma maneira de vender, que era a dele — fazer chamadas frias.

Na verdade, Steve me fez um grande favor. No mesmo mês, comecei a prestar consultoria e, depois de 40 anos, ganhei muito mais dinheiro palestrando e escrevendo do que jamais teria feito com as ligações. Mas a experiência de ficar no telefone dia após dia me ajudou a construir minha prática de hoje.

Outro dos meus heróis de adolescência era Warren Bennis. Professor de administração da Universidade do Sul da Califórnia, Bennis disse que muitos gerentes dirigem e são dirigidos, mas não chegam a lugar algum. Os melhores líderes, por outro lado, são inclusivos e focados em elogiar o esforço, não o talento. Eles não elogiam os funcionários dizendo-lhes como são inteligentes; em vez disso, elogiam o excelente trabalho que fizeram ou o esforço realizado até o momento. Claro, a tarefa é o foco. Porém, ainda mais importante, o mérito deve recair sobre a jornada. Uma tarefa bem feita é digna de louvor. Mas uma carreira bem construída vale ouro.

Um dos meus filmes favoritos é *A Lista de Schindler*, de Steven Spielberg. Tenho certeza de que você o conhece. Ele ganhou o Oscar em 1994. Em uma cena, um prédio em um campo de concentração desaba em frente ao arquiteto alemão. Uma engenheira judia sugere ao supervisor de projeto que a culpa era da fundação de cimento. Ela apontou para os pontos exatos do prédio que precisavam ser escorados. Imediatamente, um policial pega seu Luger e atira na cabeça da mulher. Embora seja um exemplo extremo, me lembrei dessa imagem durante décadas como uma representação do que um gerente de mindset fixo faz com os lucros e a moral de uma empresa.

Há pouco tempo, fui indicado para o presidente de uma empresa de médio porte. Um dos corretores, também meu cliente de coaching, sugeriu que eu falasse com o presidente para ajudar a aumentar as vendas. Ele nunca tinha ouvido falar de mim, então lhe dei uma visão geral, informando-o as três coisas que faço pelos meus clientes:

1. Traço um plano semanal de negócios para mantê-los ativos.
2. Reconstruo suas habilidades básicas para que não precisem trabalhar mais horas.
3. Desenvolvo habilidades avançadas para que, uma vez atingidos seus objetivos, eles alcancem novos patamares.

O presidente da empresa disse: "Já fazemos isso. Não precisamos da sua ajuda." Nem chegamos a conversar sobre dinheiro ou compromissos; apenas sobre seus objetivos. Como ele tinha mindset fixo, não estava interessado em ouvir outras soluções além das que já tinha. Infelizmente, suas soluções não funcionavam.

NEGOCIANDO UM MINDSET INCRÍVEL

Uma das habilidades mais importantes a se desenvolver no mundo empresarial é a negociação. Um dos meus melhores amigos, o especialista em negociação Roger Dawson, diz: "Não se trata do que você merece, mas do que pode negociar." Mas os grandes negociadores nascem ou se desenvolvem? A negociação pode, de fato, ser ensinada?

Vinte anos atrás, eu estava em Washington, D.C., esperando um voo da American Airlines para Los Angeles, que estava duas horas atrasado. Perguntei ao agente de passagens da United se ele aceitaria minha passagem não reembolsável da American em troca de uma da United para um voo sem escalas. Ele sorriu e me deu um cartão de embarque para a primeira classe. Eu disse: "Não sabia que passagens não reembolsáveis podem ser transferidas para outra companhia aérea." O agente disse: "Não podem." Isso foi há muitos anos, mas há duas grandes lições de negócios. Primeiro, ele conseguiu um assento vago na United para mim esperando que eu me tornasse um passageiro frequente deles e largasse a American. Mas a melhor lição é que, se você não perguntar, nunca saberá a resposta. É como o homem que ora a Deus pedindo para ganhar na loteria. Depois de três dias prometendo a Deus dar metade dos ganhos para a caridade, alimentar crianças famintas e tudo o mais que se imagina, uma voz estrondosa diz do céu: "Pelo menos compre um bilhete!"

Em um estudo, os pesquisadores Laura J. Kray e Michael P. Haselhuhn monitoraram indivíduos envolvidos em negociações. Metade adotou um mindset fixo e a outra metade, de crescimento. Os grupos foram divididos em pares; uns receberam o papel de recrutador e outros, de candidato. Cada par negociava salário, férias e benefícios. Os indivíduos com mindset de crescimento conseguiram o dobro daqueles com mindset fixo. Quem perseverara nos impasses na negociação se saía muito melhor do que os que desistiam. Em outros estudos, dos mesmos pesquisadores, os estudantes de mindset de crescimento em uma aula de negociação se saíram muito melhor do que aqueles com mindset fixo. Os alunos com mindset de crescimento acreditavam que poderiam melhorar com dedicação. Os com mindset fixo entendiam que a base da negociação era o talento nato.

Donald Trump escreveu *A Arte da Negociação*, que foi best-seller décadas atrás. Minha história favorita é sobre a negociação com Harry Helmsley, outro empreendedor de Nova York. Helmsley abordou Trump, querendo negociar a compra de um de seus hotéis. Trump disse que não sabia do que ele estava falando. O hotel não estava à venda. Helmsley insistiu que estava e queria que Trump fizesse uma oferta. Trump meneou a cabeça e caminhou com Helmsley até o elevador. Quando as portas do elevador se abriram, ele disse: "Sinto muito por essa viagem desperdiçada. Mas, se fosse comprar o hotel, quanto pagaria?" Trump acabou vendendo o hotel por uma quantia muito maior do que se tivesse sido um vendedor ansioso. Este é um bom exemplo de quão eficazes os bons negociadores são. Como meu amigo Roger Dawson disse: "A negociação é o dinheiro mais rápido que ganhará em sua vida."

10

Mindset e Relacionamentos

Você aprendeu que o mindset fixo destrói os resultados, enquanto o focado neles os cria. Agora, a pergunta é: você pode ajudar a desenvolver um mindset melhor nos outros, principalmente nos seus filhos? Sempre pensei na conexão entre autoconfiança e mindset. Incentivar uma criança a ser apenas autoconfiante atrapalha o desenvolvimento de um mindset focado em resultados.

Dizer às pessoas como são inteligentes ou talentosas propicia a formação do mindset fixo. Elogiá-las por seus esforços e realizações é mais útil no desenvolvimento do mindset focado em resultados; assim, a autoconfiança é um subproduto dele.

COMO DESENVOLVER UM MINDSET INCRÍVEL EM SEUS FILHOS

Haim Ginott, psicólogo do desenvolvimento, trabalhou com crianças a vida inteira. Sua recomendação endossa o que vimos: os elogios não devem ser direcionados aos atributos da criança, mas a seus esforços e suas realizações. A cultura politicamente correta de hoje recomenda conceder prêmios por participação, não por conquistas, e, portanto, dizer às crianças que todos são vencedores, e não que poucos vencem e muitos perdem. Mas, se toda criança pode vencer, por que dar mais ênfase à preparação e ao esforço? Se não há chance de perder, por que se dedicar?

Igualmente negativo é dizer que seu filho (ou você) é ruim em alguma coisa. Quando diz a ele: "Você não é muito bom em matemática", reforça sua falta de talento, em vez de apontar o baixo esforço. É quase como dizer que seu filho é um perdedor nato. Um bom pai nunca diria isso. E se a criança acreditar? Ela pararia de arriscar e adentraria em uma vida de fracasso. Mas chamar seu filho de superdotado ou talentoso é tão ruim quanto. Se seu filho acreditar nisso, pode parar de arriscar por entender que seus dons o tornarão bem-sucedido de forma automática.

Em um estudo, Carol Dweck ensinou aos alunos uma lição que incluía história da matemática e grandes matemáticos. Para metade dos alunos, os matemáticos foram descritos como gênios que criaram teorias e fizeram descobertas com facilidade. Isso lhes enviava uma mensagem de que algumas pessoas nascem inteligentes e que a matemática era fácil para elas. Os outros alunos foram informados de que os matemáticos eram apaixonados por matemática, mas tiveram que se esforçar muito para fazer grandes descobertas. Esta abordagem transmitia o mindset focado em resultados, no qual o trabalho árduo e a paixão pela matemática poderiam tornar qualquer pessoa bem-sucedida.

Em geral, elogiamos as crianças pelo talento ou por qualquer coisa, menos pelo esforço. Dizemos: "Ótimo trabalho. Você fez esse projeto perfeitamente" ou "Você é tão inteligente. Você é incrível". É importante comunicar que o esforço é importante, não a habilidade. Elogie o trabalho árduo e o comprometimento, não o talento.

Portanto, quando seu filho estiver preocupado com uma prova ou projeto se aproximando, não o tranquilize dizendo o quão inteligente ele é ou que é à prova de falhas. Em vez disso, mostre o quanto ele se esforçou e diga-lhe que, independentemente da nota, ele se sairá melhor da próxima vez.

Cometi esse erro com meus filhos. Muitos anos atrás, quando ensinei minha filha Caroline a jogar bola, eu dizia que ela era uma atleta talentosa. Ela continuou, progredindo bastante. O que eu deveria ter dito era: "Ótimo trabalho. Você está aprendendo muito bem. Você melhorou ainda mais desde a última vez que jogamos." Anos depois, ela começou a jogar tênis e logo entrou para a equipe juvenil do ensino médio. Mas, quando pleiteou uma vaga no time principal, cometi o erro de encorajá-la dizendo: "Você é a melhor jogadora da equipe juvenil; entrará fácil para o time principal." Ela conseguiu. Mas, se não tivesse, teria encarado como um fracasso pessoal, não como um trampolim para trabalhar pesado para o próximo teste.

Alguns erros comuns que os pais cometem ao elogiar os filhos:

1. Dizer ao filho que ele é o melhor.
2. Dizer que ele é melhor do que a criança que ganhou.
3. Dizer que o esporte ou a atividade não era tão importante.
4. Dizer que, com seu talento e habilidade, certamente vencerá da próxima vez.

Mas a pior coisa que os pais podem dizer é que a criança não tinha capacidade ou talento para vencer.

Minha esposa, Merita, costuma se repreender. Recentemente, recebeu uma receita médica. Eu lhe perguntei para o que era. Ela disse: "Você sabe que tenho uma memória terrível; por que faz essas perguntas?" Às vezes, ela esbarra em uma cadeira ou mesa e diz: "Sou tão desajeitada, não acredito que trombei com aquela cadeira." Você pode pensar que isso é humildade, mas também comunica um mindset fixo. Envia uma mensagem que sugere que sua memória nunca melhorará e que ela nunca será mais cuidadosa. Você também pode se pegar nesse tipo de conversa interna. Já jogou golfe e disse: "Sou um jogador terrível; nunca vou melhorar"? Já viu alguém jogar seus tacos de golfe depois de um arremesso? Eu já. Isso mostra um mindset fixo, comunicando que o jogador nunca melhorará, como se fosse um caso perdido.

Às vezes, depois de fazer uma jogada ruim no tênis, digo: "Isso foi tão estúpido. Não acredito que fiz isso." Roger Federer, o melhor tenista da história, demonstra frieza, não expressa emoções na competição. Mas, quando jovem, ele era conhecido pelas birras, jogando sua raquete de tênis pela quadra após dar batidas ruins. Seus pais, como os meus, recusaram-se a comprar uma raquete nova quando ele quebrou a sua. Não demora muito para aprender a controlar seu comportamento quando uma birra custa US$200.

Muitos pais de tenistas dizem aos filhos o quanto eles são bons, em vez de elogiá-los por seu trabalho árduo. Como vimos com John McEnroe, elogiar a capacidade das pessoas só leva à frustração, à culpa e à raiva quando elas não vencem. O que devemos fazer é elogiá-las pelo grande trabalho e comprometimento.

Treinei o time juvenil de tênis da escola da minha filha Caroline. Com frequência, eu dizia às meninas como acertar um voleio melhor ou sacar com mais força. Joguei na turnê profissional de tênis por dois anos, na década de 1970. No entanto, algumas garotas argumentavam que o que eu ensinava era diferente do que seus pais lhes diziam. Ou eles lhes diziam que eram tenistas talentosas e nem sequer precisavam treinar.

Uma treinadora assumiu a equipe depois que saí. Ela não sabia nada de tênis, seu trabalho se resumia a dizer que todas eram jogadoras maravilhosas. Isso não só gerou desânimo quando elas perderam partidas, mas também uma insegurança em outras áreas de suas vidas. As perdas não foram atribuídas à falta de trabalho, mas à falta de talento e capacidade. Precisamos incentivar as crianças que trabalhem arduamente para o que desejam, em vez de evitar as metas que acham que não são capazes de alcançar.

Não é fácil manter elogios. Você define um nível alto para seus filhos e arruma meios de garantir que eles alcancem façanhas grandiosas. Mas não adianta elogiá-los apenas quando obtêm sucesso. É muito melhor elogiar seu esforço.

APROXIMAÇÃO SUCESSIVA

Quer aprender uma maneira melhor de elogiar seu filho e se tornar um ícone do mindset focado em resultados? Quando eu estava fazendo o doutorado, estudei com um orientando de B. F. Skinner, o pai da modificação comportamental. Você provavelmente já ouviu coisas negativas sobre ela ou sobre condicionamento operante, e pode pensar que se resume a colocar eletrodos na cabeça das pessoas ou dar-lhes guloseimas por comportamentos estranhos. Mas a área percorreu um longo caminho.

Um princípio do condicionamento operante é a *aproximação sucessiva*. Você já se perguntou como os treinadores de animais lhes ensinam truques tão incríveis? Como Shamu, no SeaWorld, pula 30m no ar através de um arco de fogo? Você acha que os treinadores esperam ela fazer isso e depois a recompensam? Não, eles a treinaram com uma série de comportamentos próximos ao resultado final. No início, colocaram um arco em cima da água com um peixe dentro, como recompensa. Então colocaram um arco na água e esperaram Shamu enfiar o nariz, recebendo a recompensa de novo. Isso foi repetido por meses: recompensar Shamu por aproximar-se da meta. Finalmente, Shamu pula 30 metros no ar através de um arco de fogo com aplausos estrondosos. Mas isso acontece apenas depois de meses se aproximando gradualmente do resultado final.

É assim que se desenvolve um mindset focado em resultados em seus filhos. Primeiro, elogie-os por dedicar alguns minutos de esforço para a meta. Depois, por mais esforço e pelo trabalho árduo. Após alguns dias ou semanas, continue a elogiá-los pelo trabalho árduo e por mais conquistas, mas nunca pelo esforço que fizeram na semana anterior. Elogie-os apenas pela quantidade cada vez maior de esforço que fazem hoje. Ao elogiar sucessivamente as pessoas por se aproximarem do objetivo, você molda um mindset melhor.

A verdade é que a aproximação sucessiva o ajuda a moldar o comportamento para qualquer objetivo. Você pode desenvolver habilidades de vendas em um funcionário ou melhorar a comunicação com um assistente; pode até ensinar um parente a chegar na hora. Elogiar as pessoas por melhorarem algo não apenas possibilitará o alcance da meta, mas, no processo, também as ajudará a desenvolver um mindset focado em resultados.

Como mencionei, elogiar o talento de alguém é uma maneira infalível de criar um mindset fixo, enquanto elogiar o trabalho é igualmente eficaz para desenvolver um mindset focado em resultados. De implicância, digo aos meus amigos do tênis que eles são muito inteligentes. Isso geralmente é uma reação para eles se gabarem de um sucesso ou sobre como superaram alguém. Mas, se você se importa com o crescimento de alguém, nunca elogie a pessoa que ele é. Elogie apenas seu esforço e desempenho.

Um estudo de Harvard mostrou que o dinheiro é a principal razão para as pessoas ingressarem nas empresas. Depois vêm diversão, treinamento, apoio e reconhecimento. A diversão e o treinamento são valorizados, em particular, pelos millennials, que pensam em chegar a cargos melhores em outras empresas e aproveitar o processo.

Certa vez, empreguei uma jovem de 20 e poucos anos da James Madison University, onde minha filha Stacey se formou. A jovem trabalhou para mim durante o verão e partiu para a Enterprise

Rent-a-Car depois de apenas três meses. Quando perguntei por que ela deixou uma prestigiada empresa de consultoria para entrar na Enterprise, ela disse que a empresa era mais divertida. Eles faziam festas regadas a cerveja depois do trabalho, nas noites de sexta-feira.

Qual você acha que é o principal motivo para um funcionário deixar uma empresa? Dinheiro? Diversão? Reconhecimento? Para alguém que não é da geração millennial, o reconhecimento é o maior motivo para permanecer na empresa. Mas, a menos que você deseje desenvolver um funcionário de mindset fixo que se sinta superior, dê desculpas por contratempos e tenha problemas para desenvolver novas habilidades, é necessário, novamente, elogiar seu esforço e desempenho, não quem ele é.

Aqui estão algumas regras para elogiar o trabalho das pessoas e ajudá-las a desenvolver um mindset focado em resultados. Uma regra prática é elogiar as pessoas pelo menos três vezes ao dia. Não estou falando de elogios falsos, mas de exaltá-las pelo seu esforço real. Isso aumenta o moral e encoraja as pessoas a ansiarem por dedicação. Um dos meus clientes, proprietário de uma empresa de financiamentos na Louisiana, recuou quando sugeri que elogiasse sua equipe com mais frequência. Ele disse: "Eles não fazem nada que valha a pena elogiar." Depois de uma semana, em nossa ligação seguinte de treinamento, ele disse: "Esse elogio funciona. Uma equipe entrou no meu escritório e disse que não sabia o que havia mudado, mas o escritório parece melhor. Está mais divertido."

Aqui está um processo de três partes para elogiar as pessoas e ajudá-las a desenvolver um mindset focado em resultados.

1. Elogie as pessoas na frente de outras. Isso fará com que todos na equipe se sintam melhor e se esforcem para ser o próximo a receber elogios.

2. Seja específico em seus elogios. Muitas vezes, meus clientes de coaching dizem para uma pessoa da equipe: "Ótimo trabalho." Mas o que é um ótimo trabalho? O que você quer que eles façam é replicar o comportamento pelo qual foram elogiados. Em vez disso, diga: "Ótimo trabalho em cumprir esse prazo para o nosso cliente. Isso significa muito." A probabilidade de a pessoa cumprir prazos no futuro aumenta drasticamente.

3. Elogie as pessoas de forma geral. Isso significa lhes dizer o quanto você aprecia seu trabalho árduo e o quanto valoriza seu esforço e dedicação.

Em resumo, nunca elogie quem a pessoa é, apenas seu comportamento. Nunca diga "Você é tão inteligente, temos sorte de tê-lo" ou "Com seu talento e experiência, sempre atingiremos nossas metas financeiras". Isso cria um mindset fixo, e sua equipe tenderá a atribuir culpa, treinar menos e perder a motivação. Mas, ao elogiar o esforço, você faz com que as pessoas queiram desenvolver suas habilidades e receber elogios no futuro.

O MINDSET TÍMIDO

Aqui está uma pergunta: as pessoas tímidas têm um mindset fixo ou focado em resultados?

Jennifer Beer, pesquisadora em psicologia, estudou mindsets de pessoas tímidas e expansivas. Ela filmou as interações entre esses grupos e avaliou seus métodos de comunicação. Assim descobriu que as pessoas com mindset fixo eram mais propensas a ser tímidas. Elas se preocupavam mais em ser julgadas, o que também as tornava mais inibidas e ansiosas. Mas a parte surpreendente é que, embora a timidez diminuísse as interações sociais de pessoas com mindset fixo, não prejudicava as habilidades de comunicação daquelas que tinham mindset de crescimento.

Espero que isso faça sentido após termos estudado as diferenças de mindset. Pessoas tímidas com mindset de crescimento encaram as interações sociais como um desafio. Quando se sentem ansiosas por conhecer alguém, buscam superar a ansiedade. As pessoas tímidas com mindset fixo também ficam tensas, mas são mais propensas a evitar as interações interpessoais, incluindo conversas e contato visual. Mais uma vez, as pessoas com mindset de crescimento encaram a timidez como um trampolim para a melhoria, enquanto aquelas com mindset fixo evitam novos relacionamentos.

O MINDSET FEMININO

O mindset também demonstra diferenças conforme o gênero. Quem você acha que tem mais probabilidade de ter um mindset fixo: homens ou mulheres? Quem tem maior probabilidade de ter um mindset focado em resultados? Durante meus seminários, muitas vezes pergunto quem aceita melhor a rejeição: homens ou mulheres? A resposta dada: homens. Em tom de brincadeira, digo que somos melhores em aceitar a rejeição porque somos mais rejeitados. Digo que, quando eu estava na faculdade, as mulheres que eu nem conhecia me ligavam para dizer: "Não me chame para sair!"

Muitas das diferenças de gênero no mindset têm a ver com a maneira como meninas e meninos são criados. Os meninos são sempre repreendidos, subestimados e corrigidos. Durante as palestras, brinco que, se um homem aparecer após dez anos com sobrepeso, um amigo diria: "Tá roliço, hein, Bubba?!" Mas se fosse uma mulher, seria provável que tanto amigos homens quanto mulheres dissessem: "Essa bata fica ótima em você."

Isso acontece tanto com os meninos que eles tendem a desconsiderar as críticas dos outros na vida adulta. Se você é homem e um amigo diz que você não sabe se vestir, é provável que pense: "Eu não ligo, gosto dessa camisa." Minha esposa, Merita, analisa o que estou vestindo antes de sairmos. Quando ouço: "Você não vai usar isso, né?", sei que se não trocar de roupa ouvirei por uma hora motivos por que não deveria usar algo. Mas, se ela me pergunta como está, digo automaticamente: "Linda." Do contrário, ela fica 20 minutos procurando a roupa certa, pedindo minha opinião.

Muitas vezes, as meninas são protegidas. Pais, professores e amigos dizem a elas como são bonitas, inteligentes e talentosas. Isso cria mulheres de sucesso com um mindset fixo. Por não terem sido subjugadas como os meninos quando eram jovens, as críticas têm um impacto muito maior quando crescem. Em um estudo, perguntaram a mulheres bem-sucedidas sobre suas vulnerabilidades. Muitas se preocupavam que fossem descobertas, porque achavam que não mereciam seu sucesso. Outras, embora fossem muito talentosas e versadas, ainda tinham altos níveis de ansiedade.

A maioria dos homens aprendeu a nunca perguntar se uma mulher está grávida. Mesmo que ela esteja no nono mês, a alguns minutos do parto, os homens temem a resposta de uma mulher se ela não estiver grávida. Já cometi esse erro mais de uma vez. Sou bastante eloquente e muitas vezes puxo assuntos fáticos. A maioria dos homens é mais esperta do que eu e nunca aborda esse assunto. Mas já fiz isso três vezes e espero que nunca mais aconteça.

Portanto, se você é mulher, perceba que pode ter uma tendência natural a ter um mindset fixo. Pode ser necessário se esforçar mais do que os homens para manter o foco no crescimento. Talvez tenha sido criada com pessoas lhe dizendo como era maravilhosa e inteligente. Em raros casos, ouviu elogios sobre seu trabalho e esforço — e não sobre seu talento e aparência.

O TALENTO SUPRE A FALTA DE ESFORÇO?

Um dos equívocos mais comuns em relação ao mindset é que talento natural significa que você não precisa de trabalho nem esforço. Tiger Woods quebrou um recorde no Hacienda Country Club em La Habra Heights, Califórnia, com apenas 17 anos. Ele era considerado o jogador de golfe mais talentoso da história. Mas ele não nasceu com um selo de fenômeno. Seu pai colocou um taco de golfe em suas mãos assim que aprendeu a andar. Aos três anos, ele apareceu na TV diurna impactando uma bola de golfe em um simulador. Sem dúvida, tinha talento, mas o trabalho árduo desenvolveu esse talento e fez dele um campeão.

Em 1988, o quarterback Ryan Leaf foi selecionado como número dois no draft da NFL, logo atrás de Peyton Manning, bicampeão do Super Bowl. Ryan tinha tanto talento e habilidade quanto Manning, mas este logo o ofuscou.

À luz do mindset, a história de Ryan é digna de nota. De acordo com um relatório recente da Fox Sports, ele recebia US$5 milhões por ano, mas nem sequer gostava de jogar futebol americano. Ele sabia que tinha um talento incrível, mas não tinha paixão. Passou dois anos na NFL, sem o trabalho árduo ou esforço que um jogador com um mindset focado em resultados empregaria. Ryan era talentoso, mas não estava disposto a se esforçar. Não havia paixão por desenvolver seu talento. Por causa de um mindset fixo, que valorizava o talento e nada mais, ele estava destinado a ser medíocre.

Ryan começou a usar drogas pesadas e acabou sendo cortado do San Diego Chargers. Dois anos depois, largou o esporte de vez. Ele voltou para sua cidade natal, em Montana, e sua situação apenas piorou. Passou dois anos na prisão por infrações envolvendo drogas. Mais tarde, disse que era grato por não ter cometido suicídio.

Ryan agora trabalha com ex-presidiários e infratores de drogas, ajudando-os a se recuperar e a cultivar uma vida melhor. Ryan Leaf encontrou seu caminho. Apenas não era o futebol americano.

Carol Dweck escreveu sobre o jogador de beisebol Maury Wills. Na década de 1950, o motivado Wills sonhava em se tornar um jogador da liga principal. Mas parecia que tudo que ele tinha era um sonho. Sua tacada não era boa o bastante, e o Los Angeles Dodgers o enviou para as ligas menores. Sempre esperançoso, Maury disse a seus amigos que chegaria à liga principal e jogaria com Jackie Robinson dentro de dois anos.

Dois anos se tornaram oito anos e meio. Wills acabou sendo convocado para a liga principal depois que um interbases quebrou o dedo do pé. Sua rebatida ainda não era boa o bastante, mas ele sempre estava otimista e focado em se tornar um rebatedor melhor. Pediu ajuda a seu treinador de primeira base. Eles trabalhavam muitas horas por dia, além da prática regular de Wills. Ele estudou vários arremessos e como prever a trajetória da bola que saía da mão do arremessador. Começou a melhorar. Mas sua verdadeira força vinha de sua capacidade de roubar bases com grande velocidade; a ameaça distraía tanto arremessadores quanto apanhadores, o que ajudava não só seus colegas de equipe a chegar mais rápido à base, mas também a vencer os jogos. Wills acabou quebrando o recorde de bases roubadas de Ty Cobb, um recorde que durou 47 anos.

É impossível ter um mindset fixo e continuar a melhorar nas ligas menores durante oito anos e meio. Para ter esse tipo de paciência, você precisa ter um sonho e trabalhar de forma contínua. É preciso acreditar que, caso se esforce o suficiente, realizará seus sonhos.

Pense na sua carreira. E se ganhasse mil dólares por mês durante oito anos, sabendo que seus contemporâneos ganham dez vezes mais? Teria sido paciente? Suportaria isso por oito anos buscando uma chance? Muitos não conseguem. A única maneira de chegar a tal obstinação é com um mindset focado em resultados.

Michael Jordan foi entrevistado no *Sixty Minutes*, da CBS. O jornalista Steve Kroft lembrou que ele havia sido cortado do time de basquete do ensino médio. No final da entrevista, Kroft perguntou se Jordan gostaria de jogar com ele. Após dez pontos, o jornalista perguntou a Jordan se ele o deixaria vencer. O jogador disse: "Nunca." Kroft falou: "Você já perdeu?" Michael respondeu: "É claro." Kroft: "O que você fez?" Jordan: "Continuei jogando até vencer." Da mesma forma, Vince Lombardi, o lendário técnico da NFL, disse uma vez: "Nós não perdemos o jogo, o tempo apenas acabou."

Claro, Michael Jordan tinha um grande talento, mas sua ética era mais notável. Ele não só trabalhava pesado, mas se esforçava até vencer. Poucos atletas têm esse tipo de dedicação ou mindset.

O MINDSET ARROGANTE

Já contei a história de como a GE comprou a Kidder, Peabody por causa da arrogância. Os executivos da GE pensavam que eram as pessoas mais inteligentes do mundo. Mesmo assim, a Kidder, Peabody fez a GE perder milhões de dólares.

Sem dúvida, os japoneses perderam a Segunda Guerra Mundial por causa da arrogância. Após as vitórias na China, nas Filipinas e em Pearl Harbor, os militares japoneses pareciam invencíveis. Com informações da inteligência de que eles invadiriam a Ilha Midway, no Pacífico central, o almirante norte-americano Chester W. Nimitz preparou uma armadilha para o comandante naval japonês Isoroku Yamamoto. Os EUA emboscariam a Marinha japonesa em Midway e destruiria seus quatro porta-aviões. Foi uma aposta enorme, que arriscava o resto da frota de porta-aviões dos EUA em uma batalha.

Se Nimitz tivesse perdido essa batalha, nada impediria os japoneses de invadir a Califórnia e a Costa Oeste.

Mas os japoneses cometeram um erro fatal de mindset fixo. Eles dividiram suas forças no leste, enviando metade da frota para as Ilhas Aleutas, no Alasca, e a outra metade para Midway. Eles estavam tão confiantes de que os EUA não eram páreo para a superioridade das forças japonesas que assumiram riscos desnecessários. Se as forças japonesas não tivessem sido separadas, poderiam ter derrotado a Marinha dos EUA em Midway e, possivelmente, vencido no Pacífico.

Hitler cometeu alguns dos mesmos erros de mindset fixo e arrogante. A Alemanha decidiu invadir a Rússia no meio da Segunda Guerra Mundial, diminuindo sua ação contra a Grã-Bretanha. Se Hitler tivesse se concentrado apenas na Grã-Bretanha, em vez de invadir a Rússia ao mesmo tempo, poderia ter vencido a guerra na Europa. Então poderia ter preservado forças suficientes para conquistar a Rússia. Mas ele tinha um mindset fixo. Achava que os arianos eram superiores, e os russos, subumanos. A soberba do mindset fixo mudou novamente o curso da história.

Os japoneses foram bárbaros no modo como trataram filipinos, chineses e norte-americanos durante toda a Segunda Guerra Mundial, principalmente na retirada. Eles até revogaram o código da Convenção de Genebra de tratamento civil para prisioneiros de guerra. Após muitos assassinatos em massa, os principais comandantes japoneses foram questionados sobre sua brutalidade. Todos disseram que os japoneses eram um povo superior; o resto das nações e raças eram inferiores e mereciam ser mortas. Também houve assassinatos em massa de prisioneiros de guerra por forças alemãs. Mais de 200 soldados norte-americanos foram assassinados na floresta das Ardenas, na Batalha do Bulge. Quando os oficiais alemães foram questionados sobre sua brutalidade, disseram o mesmo: os norte-americanos eram inferiores e mereciam ser mortos.

De acordo com *Declínio e Queda do Império Romano*, de Edward Gibbon, os generais vitoriosos que retornavam a Roma com saques e escravos eram recebidos com magníficas procissões triunfais. Mas eles sempre mantinham uma pessoa na carruagem cerimonial sussurrando: "Você é apenas um homem, você é apenas um homem."

Portanto, o sucesso cria soberba. A soberba, um mindset fixo. E este, por sua vez, cria o fracasso.

Conclusão

Neste livro, você entendeu por que o mindset é tão importante para o seu sucesso. Mindset é tudo. É como você pensa e percebe o mundo. Seu mindset resulta de suas crenças e experiências. Ele prepara o cenário para a maneira como você reage a tudo.

Você aprendeu como o mindset afeta sua autoconfiança e como cria vieses que filtram as informações. Aprendeu sobre o mindset introvertido, concentrado em si mesmo, e sobre o extrovertido, mais eficaz para trabalhar em equipe, a fim de alcançar seus objetivos.

Também descobriu que um mindset fixo considera contratempos e falhas como um reflexo das habilidades e talentos de alguém. Um mindset de crescimento, por outro lado, vê contratempos e falhas como degraus que levam a melhores resultados. O mindset de crescimento oferece um potencial ilimitado, enquanto o fixo gera culpa e negação.

Você aprendeu sobre a importância de combinar o mindset extrovertido e o de crescimento em um que produza resultados — o mindset focado em resultados. E também a reformular a maneira como pensa sobre as experiências futuras e passadas, de modo que ela viabilize o mindset que deseja.

Aprendeu como mudar suas crenças mudando suas memórias. Com a programação neurolinguística, agora você é capaz de ver, ouvir e sentir uma crença. Agora sabe como intensificar ou diminuir essas representações, o que aumenta a confiança e diminui a ansiedade.

Você até aprendeu a mudar suas emoções em segundos usando um círculo de recursos e o apego. Passamos um bom tempo discutindo metapadrões, os modos de pensamento usados. Quando alterar seus metapadrões, criará um mindset focado em resultados.

Como as metas são muito mais fáceis de alcançar com o mindset certo, você aprendeu a dividi-las em atividades menores, classificando-as como metas de curto, médio e longo prazo. Também aprendemos a experimentar o objetivo em vez de apenas anotá-lo. Quanto mais experimentar o objetivo como resultado, mais motivado ficará para alcançá-lo.

Você definia metas e não as cumpria, como as resoluções de ano-novo que se perdem. Então, aprendeu a se manter comprometido com seus objetivos criando um contrato comportamental, com o uso de recompensas imediatas. Você descobriu como se comportar com aproximações sucessivas — fazendo pequenas alterações que se aproximam, pouco a pouco, dos resultados finais que deseja alcançar.

Entendeu como o cérebro é afetado por seu mindset. Se você se preocupa, cria caminhos cerebrais que fazem com que se preocupe ainda mais. Mas, quanto mais usa o mindset focado em resultados, mais o cérebro cria vias neurais que facilitam se sentir otimista e focado nos resultados desejados. Também aprendeu a mudar sua maneira de pensar, usando a técnica de interrupção de padrões, seguida pela substituição de recompensa.

Compreendeu por que um mindset focado em resultados é reforçado pela luta: quanto mais você se desafia, mais mental e fisicamente preparado fica. Seu mindset focado em resultados se deteriora se não correr riscos com frequência. Nessa seção, também descobriu como os grandes líderes usam um mindset focado em resultados para desenvolver pessoas e negociar melhor.

CONCLUSÃO

Agora você sabe que seu mindset também é importante na criação e manutenção de bons relacionamentos. Pode criar nos outros o desejo de aprender e se concentrar no esforço por meio da técnica do elogio em três etapas. Você até aprendeu a desenvolver um mindset melhor em seus filhos e entendeu que um sintoma de mindset fixo pode ser a timidez. Discutimos como as meninas geralmente são criadas com mindset fixo, mas como podem desenvolver o mindset focado em resultados posteriormente.

Por fim, aprendemos que talento não substitui esforço. Somente quem é capaz de desenvolver suas habilidades alcança os resultados que deseja. Também aprendemos que arrogância e superioridade se opõem ao mindset de crescimento e focado em resultados.

Quando eu estava na faculdade, em 1976, jogava com uma estrela do tênis que estava prestes a competir no circuito internacional. Ele era um jogador muito bom, com um saque intenso e groundstrokes certeiros. E também era a pessoa mais motivada que conheci. Ele me venceu por pouco em uma partida de três sets. Depois, passamos algumas horas conversando sobre tênis e sobre nossos objetivos. Mencionei o desejo de jogar no circuito por alguns anos. Mas, se não desse certo, faria doutorado.

Perguntei àquele jogador muito entusiasmado quais eram seus objetivos. Ele disse: "É muito simples. Vou jogar no circuito e ser o número um do mundo." Ele me mostrou fotos do troféu de Wimbledon, do troféu do Aberto da França, além de troféus do restante dos torneios de Grand Slam. Pegou cartas de outros profissionais que conheceu, desejando-lhe boa sorte. Eu tinha uma foto assinada pelo grande Rocket Rod Laver, dos anos 1960, desejando boa sorte no circuito também. Mas aquele jovem astro em ascensão tinha uma pasta com fotos, cartas e bilhetes, tudo para motivá-lo.

Ele se tornou um dos 50 melhores do mundo. Desisti depois de 2 anos e voltei para a universidade. Como o capitão espanhol

Hernán Cortés, que, em 1519, ao desembarcar em Veracruz, no México, queimou seus navios para garantir que a equipe não tivesse como recuar dos astecas, aquele jogador estava completamente dedicado e comprometido com seu objetivo. Ele tinha um mindset que o levaria adiante, não importava o quanto tivesse que trabalhar. Para ele, tornar-se um dos melhores jogadores profissionais era mais uma questão de esforço e trabalho do que talento. Logo aprendi que o mindset é o que move tudo.

O mindset afeta seus objetivos, suas crenças e até sua satisfação. É onde tudo começa. Você aprendeu muito neste livro e pode começar a usar esse aprendizado ainda hoje. Aplique essas técnicas nas próximas três semanas. Se realmente deseja adotar o mindset focado em resultados, será necessário comprometimento e esforço. Claro, agora você já sabe que o esforço é tudo.

Índice

10 mil horas de treino, 9

A Arte da Negociação (livro), 167
acreditar, 62–94
Albert Bandura, 162
álcool, 156
Alfred Binet, 29
alinhamento mental, 2
A Lista de Schindler (filme), 165
amígdala, 150
ampliação, 118
ansiedade, 84
    de desempenho, 114
apego, 92
aposentadoria, 156
aprendiz, 33
aproximação sucessiva, 7, 173
arrogância, 181–183
ataque terrorista, 161
atenção plena, 151–152
atitude, 2
atraso na aprendizagem, 86
autoconfiança, 8–13, 63, 169
    racional, 113
autovalidação, 101–102
aversão à perda, 15

Barack Obama, 106
Benjamin Barber, 33
B. F. Skinner, 173
Bill Clinton, 106
boas notícias, 148
Bob Knight, 38

caminhos neurais, 155
Carol Dweck, 6, 28
castigo, 131
categorizar, 117–118
Cavett Robert, 24
células cinzentas, 156
cérebro, 7, 147–154
    trabalho, 158
Charlie "Tremendous" Jones, 24
círculo de recursos, 7, 90–94
cobranças de dívidas, 26
Coco Chanel, 85
coerência, 75
comportamento, 19
    alvo, 144
    de rebanho, 14
    indesejado, 54

conceito de si, 30
condicionamento operante, 173
confiança, 74
   irracional, 9
contexto social, 131
contrato comportamental, 7, 130–146
conversas animadoras, 10
cortisol, 150
crenças, 2
   autossabotadoras, 71
   contextos, 67–68
   emoldurar, 74–94
   esperanças e expectativas, 69
   experiências, 69
   fortes, 65
   intelecto, 68
   internas, 66
criança, 169
culpa, 172
cultura, 19

Declínio e Queda do Império Romano (livro), 183
definição de metas, 120–122
desamparo aprendido, 6, 33, 81–90
   escapar, 88–90
desconforto físico, 152
desempenho, 28
diálogo interno, 11
Dick Winick, 16
disciplina, 134
distorcer informações, 107
Donald Trump, 167
dopamina, 155
dúvida, 64

Edward Gibbon, 183
eficiência forçada, 140
egoísta autocentrado, 100
elogios, 169
Empresas Feitas para Vencer (livro), 162
esforço, 10, 23, 28, 32–33, 170
estado de espírito, 2
estado de recurso, 91
estresse, 84, 150
estruturas cerebrais, 148
euforia, 155
evangelistas, 25
evitação, 85
excelência no relacionamento, 27–28
excluir informações, 107
experiência autotélica, 83
extremos, 15

falar com um grupo, 23
falsa autoconfiança, 113
filhos, 170
fluxo, 82
foco, 32
fracasso, 28
frustração, 172
fuga ou luta, 148–149
funções
   corporais, 63
   sensoriais e motoras, 150
fuzileiros navais, 3

GE, 163
generalizar informações, 108
gênero, 177–178
generosidade, 118

George Bernard Shaw, 107
George W. Bush, 106

hábitos, 2, 131
   inconscientes, 51
Haim Ginott, 169
Henry Ford, 122
hipocampo, 150

ilusão, 78
imagem fixa, 161
impacto, 23
inatividade, 156
inconsciente, 52
infância, 67
injustiça, 88
interrupção de padrões, 7, 152
intuição, 52
Itzhak Perlman, 78–79
Ivan Joseph, 8

Jack Welch, 162–163
Jean Piaget, 44
Jennifer Beer, 176
Jim Collins, 162
J. K. Rowling, 9
Jogos de Poder (filme), 46–47
John Daly, 2
John Grinder, 51

leis da sociedade, 131
Les Brown, 24
lição, 46
locus de controle, 113–115
luta e desafio, 155–168

Malcolm Gladwell, 161
Marinha dos EUA, 24–25
Martin Seligman, 81–82
mártir emocional, 100
medos, 23, 82
   fracassar, 114
   parecer tolo, 114
   rejeição, 114
   sucesso, 114
memória
   curto prazo, 149
   longo prazo, 149
Mentes Extraordinárias (livro), 32
meta, 45, 123
   prazos, 121
metaestado, 98
metapadrões, 7, 96–116
   afastamento, 98–99
   avanço, 98–99
   crianças, 97
   dicas, 109–110
   estilo de trabalho, 104–109
      cooperativo, 104
      independente, 104
      proximidade, 105
   mindset, 97
   necessidade, 103–104
   possibilidade, 103–104
   quadro de referência, 99–100
      externo, 99–115
      interno, 99
   sucesso, 109–113
   validação, 100–102
Michael Jordan, 33–34, 181
Mihaly Csikszentmihalyi, 81–82
millennial, 148

mindset
  astral, 5
  atitude, 4
  componentes, 2
  crescimento, 6, 28–30
  dualista, 39
  estresse, 5
  extrovertido, 25–28
  fixo, 6, 30–37
  focado em resultados, 44–60
  fundamentos, 3
  introvertido, 21
  mudar, 65–74
  origem, 13–14
  pensamento, 4
  pontualidade, 145
  reação, 4
  tendência, 4
  teste, 4–5
  vencedor, 2, 145
modelagem comportamental, 7, 132–134, 173
modos primários de pensamento, 71
motivação intrínseca, 84
mudança, 18–19
Muhammad Ali, 41–42
mulheres, 177–178

necessidade de validação, 100
negatividade
  atividade cerebral, 148
negociação, 7, 166–167
neurociência, 151
neurônios, 156

neuroplasticidade dependente da experiência, 151
neuroprocessamento, 124
Nos Bastidores da Notícia (filme), 150–151

objetivos, 58
  disposição, 121
  específicos, 120
  seções, 117–120
  valores, 120
observação, 22
O Homem que Mudou o Jogo (filme), 40
O Preço do Desafio (filme), 31
organismo, 27
otimismo, 81–82
overdose, 155

padrões
  de comportamento, 53
  de hábitos, 54
parceiro, 139
passado, 69
pensamentos, 2
  negativos, 148
percepção do mundo, 52
personalidade, 44
pessoas
  auditivas, 52
  expansivas, 176
  sinestésicas, 52
  tímidas, 176–177
  visuais, 52
ponto de vista contrário, 17
Porsche, 15

ÍNDICE 193

posição
  dúvida, 65
  sucesso, 65
potencial, 41–42
preparação, 170
professor, 31
programação neurolinguística (PNL), 51–58
programa sistemático, 143
psicolinguística, 124
psicologia cognitiva, 43, 151
punição, 133

QI, 6
  teste, 29

raiva, 172
reação fóbica, 153
recência, 15
recompensas, 13, 131–135
  adiamento, 134
  como escolher, 134–135
  constante, 133
  imediatas, 153
  retenção, 133
  símbolos, 144–146
reconhecimento, 145
referência, 144
reformulação, 46–48
  abordagem de quatro etapas, 53–60
  conteúdo, 6, 50–51
  contexto, 6, 48–50
rejeição, 11
repetição, 9

resistência ao aprendizado, 6
responsabilidade, 131
resultado, 6, 123–127
  alinhamento, 123
  positividade, 123
  prazo, 123
  sentimento, 123
  tangível, 123
resultados de aprendizagem, 147
Richard Bandler, 51
Rick Hanson, 148
Robert Wood, 162
Roger Dawson, 24
Ronald Reagan, 106
ruminação, 150–151
Ryan Leaf, 179

San Antonio Spurs (NBA), 27–28
seções e resultados, 7
Segunda Guerra Mundial, 181
sensibilidade às críticas, 6
senso comum, 15
serotonina, 155
sistema linha-dura, 39
sistemas
  límbico, 148
  nervoso central, 156
soberba, 182–183
submodalidades
  técnica de mudança, 71
substituição, 152–153
sucessos, 85
  passados, 12
superação, 88
superstição, 92

tálamo, 150
talento, 179–181
  versus trabalho árduo, 28
teoria dos mil cortes, 11
Tiger Woods, 179

verificação
  estabilidade emocional, 74–81
  futura de crenças, 68

vieses, 14–18
  de confirmação, 15–18
visualizar o sucesso, 64
vulnerabilidades, 178

Winston Churchill, 111

Zig Ziglar, 24

CONHEÇA OUTROS LIVROS DA ALTA LIFE

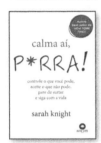
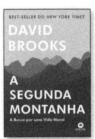

Todas as imagens são meramente ilustrativas.

CATEGORIAS
Negócios - Nacionais - Comunicação - Guias de Viagem - Interesse Geral - Informática - Idiomas

SEJA AUTOR DA ALTA BOOKS!

Envie a sua proposta para: autoria@altabooks.com.br

Visite também nosso site e nossas redes sociais para conhecer lançamentos e futuras publicações!

www.altabooks.com.br

ALTA BOOKS
E D I T O R A

/altabooks • /altabooks • /alta_books